大学生创新创业理论及实践指南

董晓彤◎著

文化发展出版社
Cultural Development Press
·北京·

图书在版编目（CIP）数据

大学生创新创业理论及实践指南 / 董晓彤著．— 北京 ：文化发展出版社，2023.12
ISBN 978-7-5142-4234-8

Ⅰ．①大… Ⅱ．①董… Ⅲ．①大学生－创业－指南 Ⅳ．① G647.38-62

中国国家版本馆 CIP 数据核字 (2024) 第 016005 号

大学生创新创业理论及实践指南

董晓彤　著

出 版 人：宋　娜
责任编辑：任秀颖　　　　责任校对：岳智勇
责任印制：邓辉明　　　　封面设计：守正文化
出版发行：文化发展出版社（北京市翠微路 2 号 邮编：100036）
网　　址：www.wenhuafazhan.com
经　　销：全国新华书店
印　　刷：天津和萱印刷有限公司

开　　本：710mm × 1000mm　1/16
字　　数：200 千字
印　　张：11
版　　次：2024 年 6 月第 1 版
印　　次：2024 年 6 月第 1 次印刷

定　　价：72.00 元
I S B N：978-7-5142-4234-8

◆ 如有印装质量问题，请电话联系：010-58484999

前　　言

21世纪以来，在技术进步的推动下，全球商业领域发生了巨大的变化，其显著趋势有两点，一是创新型创业企业的兴起，二是数字经济对企业的重构，二者相互交织、相互影响。

随着知识经济的发展，全世界的创业都在如火如荼地开展。创新创业已成为经济发展的新动能，各国都铆足劲想通过创新创业提升本国经济的竞争实力。在竞争日益激烈的今天，大学毕业生就业形势日益严峻，如何解决大学生的就业问题，已经成为人们关注的焦点。

在知识经济时代，知识创业已经成为新的创业模式。随着社会中知识经济的飞速发展，高校有必要为在校大学生提供接受创业教育的机会并鼓励和扶持大学生开展创新创业活动，着力培养大学生的创业意识、创新精神、创业能力等综合性的创业素质。建设创新型国家，创新创业型人才是关键，而教育则是奠定人才发展基础的关键。

本书共六章。第一章为创新创业教育概论，分别从六个方面进行论述，依次是创新创业教育概述、创新创业教育的必要性、创新创业教育的发展现状、创新创业教育体系的构建、创新创业教育管理模式、创新创业教育路径；第二章为创新思维训练与创业意识，主要包括三方面内容，依次是创新思维概述、创新思维应用、创业意识；第三章为创业者与创业团队，主要包括四方面内容，依次是创新创业者的素质与能力、创新创业动机的内涵与驱动因素、创新创业团队的组建、创新创业团队的管理；第四章为创业机会，主要包括五方面内容，依次是创意与创业机会的关联、创业机会的来源、创业机会的识别、创业机会的评价、创业机会的选择；第五章为创业资源，主要包括三方面内容，依次是创业资源概述、创业资源的获取与管理、创业资源的整合；第六章为大学生创新创业实践，包括四方面内容，依次是创业计划、创业企业的设立、创业企业管理、创业企业风险及防范。

在撰写本书的过程中，作者得到了许多专家学者的帮助与指导，参考了大量学术文献，在此表示真诚的感谢。本书内容系统全面，论述条理清晰、深入浅出，但由于作者水平有限，书中难免会有疏漏之处，希望广大同行及时指正。

董晓彤

2023 年 4 月

目　录

第一章　创新创业教育概论

本章为创新创业教育概论，分别从六个方面进行论述，依次是创新创业教育概述、创新创业教育的必要性、创新创业教育的发展现状、创新创业教育体系的构建、创新创业教育管理模式、创新创业教育路径。

第一节　创新创业教育概述

一、高校创新创业教育的概念

（一）创新创业的概念

1. 关于创新

创新是人们认识、发现、改变及改造自然和社会的一种实践活动，就是去创造发明一些新的东西或在已有的基础上做某些改变、改进的过程。

美籍奥地利经济学家熊彼特是公认的创新理论的开创者，他主张，“创新”是新类型函数的一种，创新的过程也就是将新的生产要素和生产条件融入新的生产体系之中的过程。根据熊彼特的看法，创新应当涵盖五种情形：一是将新类型的产品引进市场，二是引进一种新的生产方法，三是开辟一个新类型的市场，四是使用一个新型的材料，五是创立一种新的制度或是组织。在美国经济学家彼得·德鲁克所著的《创新与企业家精神》一书中，熊彼特的创新理论得到了进一步的发展，彼得·德鲁克认为创新是一种对资源的创新，使得资源具有能够创造财富的能力。

总而言之，创新是推动一个民族和国家向前发展的不竭动力，也是当今所有组织和成员发展的基础，是企业赢得竞争的关键，创新也是我们每个人都应该具备的能力之一。人类社会的演进历程，是一段充满着创新和改革的历史进程。

2. 关于创业

在《创业学》一书中，杰夫里·蒂蒙斯（Jeffry Timmons）指出，创业是一种行为方式，包括推理和思考的全过程，这一行为方式是由机遇驱动的，人们需要从方法论的角度出发，掌握全局情况的发展。①

目前，学术界对于创业的定义并未达成普遍共识，一般都是从狭义和广义两方面进行研究。如果从狭义的角度出发，创业是指创办一家新的公司或者企业，从广义的角度出发，创业则是指开创新领域事业的过程。

本书所述的创业，指的是创业者在对创业环境有了全面了解之后，通过掌握商机，创造创业的条件，在创业策划的基础上，建立具有经济功能的组织，从而为整个社会提供财富的活动。

3. 创新与创业的关系

创新是创业之路上的基石和先决条件，创新的最终目的就是为创业服务。创业不仅是创新的表现，也是创新最终要达成的目标，同时也是推动创新不断前进的重要力量。创业离不开创新，创新又必须依靠创业来实现。在创业过程中，创新的水平是决定着创业能否成功的关键因素，因此，创新是创业不可或缺的一部分，但不意味着创新和创业是等同的定义。

（二）高校创新创业教育的概念

1. 创新创业教育

1989 年，联合国教科文组织在面向 21 世纪教育国际研讨会上提出了一个新的概念，即“事业心和开拓技能教育”，这一理念为创新创业教育的概念奠定了基础。随着社会经济发展水平的不断提高以及我国高等教育改革进程的加快，高校创新创业教育已经成为一种趋势。当前，国内学术界对创新创业教育的理解主要有两种观点，一是将其视为创新教育或创业教育的等同概念；二是将其视为创新教育或创业教育的融合教育。作者从二者内涵的界定、特征等方面比较了它们之间的差异，并分析了其产生原因，指出只有深刻理解这两种不同的概念才能正确而全面地理解创新创业教育。

在知识经济时代，创新创业教育被视为一种新颖的教育理念和形式，它符合我国的发展状况。从广义方面来说，创新创业教育能够开创一种新类型的教育；

---

① 邱文伟，王晓刚，王鹏程．大学生创新创业理论基础 [M]. 西安：西安交通大学出版社，2016：003.

从狭义方面来说，创新创业教育能够培养新职业，促进新的工作岗位的产生。创新创业教育的实践过程就是一个培养人才的过程，具备创新创业思维、创新创业能力和创新创业人格的高素质应用型人才，能够符合社会未来的发展趋势和要求。因此，我们可以认为创新创业教育是一种更为注重主体性发展的教育，能够提升高层次的素质教育人才。我们可以将人的创新精神和创业能力作为主要的考虑因素，注重个人创造性和个性化等方面的发展，从而塑造创新创业的基本素养。

2. 高校创新创业教育

当前高校教育改革发展的关键在于引导大学生参与创新创业的教育过程，旨在激发大学生的创新思维。这一教育的开展能够符合社会发展的需要，并促进高校创新理念的深入实践与改革。

年轻的大学生充满朝气和活力，他们具备快速吸收新知识的能力，自觉主动性较强，同时也怀揣着强烈的创新和创业欲望，是国家和社会未来发展的中流砥柱。因此，为高校大学生提供创新创业教育，是我国高等教育发展的重要内容。当前，高校正面临着新形势、新任务，如何加强大学生创新创业教育已经成为一个迫切需要解决的问题。高校创新创业教育的根本目标在于提升大学生的创新创业素养，培养他们的创新能力，推进素质教育的落实，使他们成为具有开拓精神的创新型人才，为我国的经济和社会发展注入新的活力。

二、高校创新创业教育的目标和内容

（一）高校创新创业教育的目标

作为全球教育的未来发展趋势，创新创业教育已成为当代世界教育发展的创新路径，被誉为“第三本教育护照”，引领着 21 世纪中国高等教育改革的重点。高校创新创业教育的主要目标是从我国的高等教育实际出发，努力推动应试教育向素质教育之路的转变。高校应努力提升学生的创新和创业精神，激发他们的创造力，同时培养他们发现商机的能力，为学生的发展开拓更广阔的空间。

在创新创业教育的实际开展中，我们应努力培养学生的学习精神，鼓励他们去发现新的潜能，同时也鼓励他们对自我潜能进行挖掘，提高他们运用知识解决问题的能力。因此，创新创业教育的终极目标在于塑造大学生基本的素质，帮助他们实现综合发展。在不断构建大学生创新创业能力体系的基础上，还能够创造一个可以使得创新创业教育得以全面实施的环境。

（二）高校创新创业教育的内容

创新创业教育所涵盖的领域极为广泛，包括提升学生的创新创业意识、思想观念、综合素质、精神意志、多样化的能力、心理品质以及综合知识等多个方面。教育的形式多种多样，包括课堂授课、校内实践以及校外拓展等多种途径。同时，高校还需为大学生提供创新创业教育的信息咨询内容，还可以设立创新创业扶持资金和专项基金，以及创建多种类型的平台等；高校要为大学生创造有针对性的课程培训和实践内容，建设丰富多样的创新创业实践基地。

1.创新创业意识熏陶

创新创业意识是人类对创新创业活动的综合看法，它能够激发和促进创新创业者的行为，并激发其内在的心理倾向，包括需求、动机和意志等心理因素。创新创业者的态度和行为受到源头和动机驱动和意志的磨砺。创新创业活动得以顺利开展的根源在于人们对创新创业的意识。创新创业意识培养的核心在于激发人们的内在需求。大学生的创新创业意识教育的普及化程度有待提高，其目的在于为学生提供商业知识普及和建立合理发展目标。唯有具备创新创业的觉悟，方能奠定创新创业活动的思想根基，创新创业意识有广义与狭义之分。若使用创新创业的广义角度知识，亦可视为“拓荒精神”，亦即通俗意义下的“勇攀高峰”。从我国的实际情况出发，创新创业文化和氛围还没得到广泛的普及，因此，在创新创业的早期阶段，应该积极培养大学生的创新意识，这对于提升国家和社会对创新创业的认可有着十分重要的意义。

2.创新创业观念教育

创新创业观念属于思想的范围，创新创业观念教育能够加深大学生对创新创业内容的认识和理解。高校通过对大学生开展创新创业观念教育，可以激发学生的创新思维，避免大学生在创新活动中走入误区，同时也可以引导大学生探索毕业之后的就业方向。高校要帮助大学生扭转过去错误的思想观念，避免使大学生陷入“守株待兔”的被动就业状态，努力解决人才培养和实际社会需求脱节问题。

3.创新创业素质提升

有学者认为，当今社会发展环境下，人才最重要的不是知识的储备量，而是是否具有思维的创新能力。创新是一个民族进步的灵魂，也是国家兴旺发达的不竭动力。如果想开始创新创业的尝试，大学生自己就必须具备高水平的综合素质。

创新创业素质包含了多种类型的素质，有身体素质、技能素质、心理素质、道德素质、政治素质等。其中，政治素质、道德素养是根本，心理素质、技能素质是支撑，而身体素质则是保障。

4. 创新创业精神激励

在创新创业的过程中，创新创业者所表现出来的精神品质就是创新创业精神，包括团队合作、承担责任、艰苦奋斗、开拓创新等。这些精神品质决定着一个人是否有可能创造出巨大财富或做出重要贡献，从而影响到个人乃至整个国家的未来发展。美国心理学家推孟教授在长达 30 年的时间里，对 800 名个体的成长历程进行了追踪研究，发现其中成就水平最高的 20% 和成就水平最低的 20%，他们之间的差异主要在于个性和特征方面的差异。① 因此，为了使大学生成长为一名更为成功的创新创业者，必须积极引导他们树立积极探索的精神，并引导他们学会在实践中自我管理和自我发展。

5. 创新创业心理品质塑造

创新创业活动能够获得成功的关键是健康的心理品质。在实际的创业实践中，创新创业心理品质指的是能够调节人心理行为和素质的品质，它对人的发展起到调节的作用。良好的创新创业心理品质能够促进创业者形成科学严谨的思维方式，有利于实现创业目标。在高校创新创业教育方面，要能够直面大学生的心理问题，提出恰当的解决方案。

6. 创新创业能力强化

创新创业能力是创新创业型人才所应该具备的主要素质，这一能力能够帮助创新创业者在合适的环境中开展创新活动，从而解决创新和创业过程中可能出现的问题，确保创新创业活动能够获得极大的成功。在创新创业过程中需要对创新创业者强化培养的能力应该包括创新创业认知能力（环境认知能力、自我认知能力和机会把握能力）、专业职业能力（经营管理能力，科技运用能力，分析、解决问题能力，应变能力等）、社会能力（社会交际能力和社会适应能力）等。

7. 创新创业综合知识体系构建

学习全面的知识是创新创业得以开展的重要基础。如果缺乏知识的储备，只靠能力和热血，创新创业活动很难取得成功。创新创业活动涉及的领域和范围是十分广泛的，它对多领域的知识都有所涵盖。创新创业者必须从活动的实际需要

① 郭美斌，文丽萍．大学生创新创业理论与实训教程[M]．长春：吉林大学出版社，2015：5.

出发，构建起相应的知识体系。创新创业综合知识体系应当涵盖多个领域的知识，包括法律知识、管理知识、经营知识、技术知识、专业知识等。

三、高校创新创业教育的特征和功能

（一）高校创新创业教育的特征

作为一种新型的教育理念和教育模式，创新创业教育的优越性更为显著。以下是创新创业教育的主要特征。

1. 先进性

创新创业教育，作为一种具有前瞻性的全新理念，虽然其提出和发展的时间并不久远，尤其在我国是最近几年刚刚发展起来的，但在全球范围内，仍然有待提供一个完整的教育模式，实践过程中也缺少一个统一的样板，因此我们需要对创新创业教育进行探索。创新创业教育的目标在于响应未来教育发展的需要，为学生提供更具创新性和创业精神的教育。因此，创新创业教育在符合我国国情的基础上，发展出了具有创新性的教育理论，体现了创新创业的精神。

2. 系统性

每一位大学生都是一个家庭未来的希望，大学生的创新创业教育是否顺利、能否成功，决定着无数家庭未来的发展，也影响着国家和社会的后续发展。近年来，我国政府高度重视大学生创新创业教育，高校的专业教育和素质教育内容应当纳入创新创业教育体系，并制订相应的教学计划和学分体系，以构建一个完善的创新创业教育体系。由此可见，创新创业教育体系是非常复杂的，其教育过程需要结合多种教育方式，不仅需要理论支持，还需要开展实践探索；这一教育过程涉及社会多个层面的协调发展。因此，从宏观上看，创新创业教育体系的构建应包括目标导向、结构层次以及具体模式三个方面。只有在实践中不断探索，创新创业教育体系才能充分发挥其作用。

3. 实践性

为了确保大学生能够准确掌握创新创业的常见问题和基本知识，教育教学实践需要传承并更新传统的教学模式，让学生变为创新创业教育的主体，从而提升教学的效果。因此，在开展创新创业教育的过程中，高校应让经验丰富的教师授课，结合其他院校的经验，为学生提供更多的实践机会，不断推广实践教学，并让学生掌握创新创业的知识，重视对学生行动能力的培养，让他们在实践中快速学习实践知识。社会实践活动的强化是创新创业教育中必不可少的一部分内容，通过积极参与社会实践，学生不仅能够在实践中学习，还能够从社会需要角度出发，提升相关职业技能和个人素质。

4. 灵活性

和其他教育模式相比，创新创业教育模式较为灵活，可以通过多种途径开展教育活动。创新创业教育将市场的需求作为导向，致力于培养学生的能力。灵活运用新颖的体例、生动的内容、适当的实训以及创业思考等元素，都可以让学生得到全面的发展。在开展创新创业教育过程中，教师必须注重对教材的开发与利用，使之符合学生实际情况，便于实施。教育素材的挑选和运用也会随着环境的变化而变化，在实践中产生的具体价值也有所区别。

（二）高校创新创业教育的功能

创新创业教育是一个涵盖服务社会、促进教育改革以及满足大学生全面发展需要的综合性系统工程。

1. 服务社会功能

作为一项社会实践教育活动，创新创业教育在国家和社会发展的多个方面都能够起到重要的作用，包括国家转型发展、经济发展方式的转变、服务国家等方面。当一个国家的社会创新创业教育水平得到提高时，其社会效益和经济效果将得到明显的提升，同时，社会培养的人才成长速度也会得到提升，这将极大地促进社会的繁荣和进步。因此，我们必须高度重视并大力推进社会创新创业教育。创新创业教育已然成为推动社会经济增长的一股重要而积极的力量，其作用不可小觑。推进创新创业教育，有助于从根本上解决当今社会存在的就业问题，降低社会的不稳定风险，促进和谐社会的建设。当前，我国经济正处于持续稳健的增长阶段，因此，推进创新创业教育的发展对于推进社会的发展起到了非常重要的作用。充分发挥创新创业教育在社会中的作用，有助于培养受教育的学生成为未来社会中的栋梁之材。

2. 深化教育改革功能

通过将创新创业教育纳入学校未来的发展规划之中，并将其纳入教育教学评价体系，高校对传统教育理念进行了根本性的改革，确立了与改革理念相适应的全新人才培养模式，并确定了专门的发展计划，明晰了职能部门，这将在提升高校人才培养质量和保障高等教育持续开展方面起到重要的作用。改革教学内容、教学方法和评价方式，有助于大学生摆脱过去传统教育的局限性，从而保证课堂教学的体验性和创新性，实现教育功能的快速发展，培养具有开拓创新精神和国际竞争力的创新创业型人才。创新创业教育能够促进高校的改革，并使人才快速适应市场经济的发展态势，从而满足国家和社会对创新型人才的需要。

3. 促进大学生全面发展功能

以创新的思维方式为学生的基础，培养学生在多个方面的发展技能，通过塑造正确的三观，从而确立职业生涯的发展。在创新创业教育中，应始终秉持着以人为中心的理念，致力于发展学生的综合素质，帮助他们处理好社会、集体、个人之间的关系。

创新创业教育是一项旨在激发学生潜能、促进其全面成长、走向成功的教育，旨在为学生提供一个自由发展的空间，在不断完善自身创造力的前提下，为将来的职业工作做好铺垫。通过不懈的奋斗和创业，学生可以提升自身的品格，实现个人发展的理想。因此，创新创业教育对于大学生的未来发展非常有帮助。因此，创新创业教育的学习和实践，不仅能够完善学生个人的人格，还能够拓展相关的能力和知识，从而促进学生的全面发展。

第二节　创新创业教育的必要性

大学生之所以是最具创新能力的群体，是因为他们在国家最为优质的学习环境中学习知识，思维最为活跃。在当今的知识经济时代，创新是一个国家发展的不竭动力。作为中国未来社会发展的主要引导者，大学生肩负着我国实现“创新型国家”发展目标的责任，因此，我们需要关注对学生创新思维和创业观念的重要引导。在高校教育中，创新创业教育自然而然地被视为一门至关重要的课程。

美国是创新创业教育开展效果最为有效的国家，据斯坦福大学商学院的数据统计，1996 年斯坦福大学毕业的学生创造的收入占硅谷总收入的一半以上，可见大学生创新创业教育能够引领国家和社会经济的发展和创新。

随着知识经济时代的到来，大学生在推动创新创业的发展方面扮演着至关重要的角色。这是由于知识经济是以高新科技为基础的经济形态，知识经济的本质在于创新活动，大学生的创新和冒险精神是最为充分的，他们还掌握着高层次的科学技术，专业知识的储备十分丰富。另外，随着市场的快速发展，公众对产品的需求变得愈加多元，社会需求开始转向产品的多样性和小批量，在这种情况下，具备高科技水平的小型企业更有市场竞争的优势。此外，随着高等教育向大众教育转型，就业市场的竞争更为激烈，大学生创业不仅要能够完善自身的就业问题，同时还满足了社会对就业岗位数量的要求，推动社会向前稳步发展。

一、高校推进自身建设改革的需要

尽管我国高等教育近年来在高校学生的素质培养方面获得了多方面的支持，但在国家转变创新发展的背景下，如何推动学生的思考能力提升，培养学生的实践能力，以及变革现有的人才培养体制，都是高校应该思考的问题。因此，高校的建设与改革离不开大学生创新创业教育的发展，这是一项关键的基础性工作。高等教育是否具有系统性、适用性，直接关系到高校是否能够为社会输送具备高技能的人才，从而满足社会的需求。当前，高等教育结构和培养目标的调整不够及时，因此高校应当从素质人才培养的计划入手，做好教育教学的工作，实现教育模式的创新和转变。要实现这一目标必须在观念上树立创新的意识，深化教育体制改革，推进人才培养的改革，以满足国家和社会发展的需要。高校应积极参与经济发展的要求，通过开展创新创业教育，培养高素质人才。

随着我国经济的腾飞，高校肩负着培养国家栋梁的重任，然而，创新创业型人才的匮乏却会对经济的发展造成影响。加强大学生创新创业精神与实践能力的培养已迫在眉睫，高校肩负着不可推卸的使命，即积极开展创新创业教育，这同样也是全社会必须共同承担的责任。目前，我国高校还不够重视对创新创业型人才的培养，在教学过程中也存在着许多问题。

教学、科研和社会服务是高校需要承担的基本任务，而其核心使命则在于培养高素质的人才。学生适应社会和就业创业能力不强，创新型、实用型、复合型人才紧缺，都是我国教育所面临的紧迫问题。当前，全球各国都已认识到国家建设过程中人才和智力起到的重要推动作用，因此，国家应将高校纳入创新体系之中，并积极推进创新创业教育的发展，创新创业教育处于众多学科的交叉点上。创新创业教育其实也是一门综合性较强的社会科学，创新创业教育已成为培养创新精神、提升创新能力的核心组成部分，其重要性也将得到进一步加强。高校不仅能够发挥培育人才、发展技术的作用，还能够巩固我国的教育战略主题。因此，高等教育机构必须以使命为重，紧跟时代潮流，深入推进改革，积极促进创新创业教育的发展。

二、培养创新创业型人才的重要手段

创新创业教育肩负着促进市场经济发展、建设创新型国家、培养综合型创新创业型人才的历史重任，这一重任是国家和社会发展赋予的。创新创业教育作为一种重要的教育手段，能够培养众多优秀的高素质人才。目前我国高等教育面临着新形势和新挑战，大学生创新能力与创业素质亟待提高，知识经济以知识、信息和能力为发展的动力，为大学生提供了实现创新创业型就业的社会基础，同时也对大学生综合能力发展提出了更高的要求。

自 20 世纪晚期进入“知识经济”的发展阶段以来，创新成为知识经济发展的重要动力，同时也能够有效地提升国家的综合国力。各经济主体的竞争重点从过去的传统资源，扩展到了以人力资本为主要基础的创新能力。为实现高等教育人才培养的目标，落实好创新创业教育的计划，以激发学生的创新创业意识，需要从学生的社会实践能力出发，培养创新能力更为出众的人才。要建设创新型国家，必须注重培养具备创新精神的人才，而有效的创新创业教育不仅能够推动经济的发展，同时也能够构建社会主义和谐社会，因为在所有类型的企业之中，创业精神都是非常重要的。

三、大学生缓解就业压力实现自我的捷径

随着我国大学毕业生数量的急剧增加，就业形势日益严峻，就业问题引起了全社会的广泛关注。在这一形势下，各方需要共同努力，正确面对这一问题。为了促进创新创业活动的开展，创造更多就业岗位，党和政府不仅制订了“创业带动就业”的规划，还出台了一系列支持创新发展的政策和措施，以确保大家都有就业的机会。创新创业教育能够起到缓解就业压力的作用，在其指导和服务下，一部分大学生将成为自主创业者，这不仅有助于解决就业问题，还能为社会中的其他人员提供更为多样的就业机会。

当前我国高校毕业生人数逐年增加，这使得很多大学生都面临着毕业后找工作困难、无法顺利就业的问题。在当前严峻的就业形势下，唯有通过创新和创业，才能扭转就业难的局面。因此，高校在培养创新创业型人才方面应该发挥更大作用。激发学生的创新创业意识，使那些具有开发潜力的学生能够真正踏上创新创业之路，这也是他们快速融入社会、为社会提供服务的先决条件。在接受了高等教育后，大学生成为最具创新创业潜力的杰出人才，他们不仅拥有现有的岗位，更是未来职业的创新者。通过参与创新创业教育，引导学生掌握适应社会发展的

技能，学习自主择业和自谋职业的方法和途径，提升他们的创新能力，从而培养出综合型人才，增强自身的发展潜力。大学生在追求创新创业的过程中，不仅能够实现自身的价值，还能够在现代化建设的伟大事业中施展自己的才华，这无疑是他们实现自我价值的一条有效路径。

四、迎合世界高等教育发展潮流的标志

在全球范围内，创新创业教育活动已经受到了各国政府的广泛关注，相关研究和活动也越来越受到广泛关注。在全球高等教育积极推进创新创业教育的趋势下，高校学子展现出来的创新和创业能力已经得到了保证。在西方发达国家，创新创业教育的发展历史悠久，他们积累了丰富的经验，在课程的教学过程中能够有效和创新创业结合在一起，取得了较大成果。西方发达国家，如美国和英国，正在积极推进创新创业教育，并逐步构建起一个成熟的社会发展体系，并将这一体系纳入国民教育体系之中，得到了蓬勃发展。德国、法国等欧洲各国的高等教育机构不仅在科研团队方面得到了成熟的发展，而且十分重视学生的实践感受。澳大利亚作为全球最早开展创业教育的国家之一，在教育方面已经形成了一个非常成熟的体系，并开创了十分具有特色的发展模式。因为创新创业教育已经成为当今国际高等教育改革的内容之一，所以其实施具有非常大的重要性。创新创业教育在促进经济发展的作用方面，承担着许多责任。

和世界其他国家相比，我国的创新创业教育还处于起步阶段，还有很大的提升空间。在我国的高等教育体系中，创新创业教育并未被视为主要的课程内容，教学管理和师资力量方面也有很多不足。创新创业教育的实施能够促进高素质技能应用型人才的培养，因为它不仅能够解决当前社会中存在的矛盾，也能符合国家发展的需要。在全球政治、经济、文化一体化的发展背景下，随着世界高等教育的蓬勃发展，推进创新创业教育的创新已成为不可避免的趋势。随着全球经济一体化趋势的增强，各国之间竞争日趋激烈，各国家都将目光投向了人才培养模式的改进与完善上，而创新创业教育作为其中的关键举措受到越来越多的关注。因此，我们可以着重推进教育改革，面向全球的发展需求，汲取西方发达国家过去的经验，从中汲取精华，剔除糟粕。创新创业教育的发展背景十分广阔，同时也是我国高等教育满足发展潮流的标志，应该积极传承和发扬，并积极响应潮流的趋势。

第三节　创新创业教育的发展现状

在政府部门、高等院校和社会各界的努力下，我国的大学生创新创业教育活动得到了众多关注，大学生们更加向往开展创新创业活动。总体而言，我国大学生创新创业教育行业的发展水平尚待提高，其成效也有待进一步凸显，因此，全面推进创新创业教育活动的任务仍然具有相当的挑战性。

一、重视程度不够，学生的积极性未充分调动起来

当前，我国高校纷纷开设创新创业教育的相关课程，但其院校对课程开展的重视程度不足，教育方式陈旧，学生的学习热情还有待发掘。在我国高校中，一些已经开设了创新创业教育课程的院校，普遍存在着教学和评估过于形式化的问题，导致学生在汇报学习成果之前不认真准备，而教师却不加审查地允许学生通过考试。一些学子对于创新创业教育缺乏热情，其根本原因有以下几种：首先，一些学生受传统理念的影响较大，缺乏主动探索知识的意识，不能积极参与到一些创新创业活动中；同时，也没有将创新创业知识融入课堂教学当中去。其次，一些高校的创新创业活动缺乏多样性和创新性，未能激发学生参与创新创业教学活动的积极性；第三，一些学校未能提供足够资金、师资、技术、设备基础。

二、理念不成熟，定位不明确

创新创业教育是一种全新的人才培养教育模式，在教育中必须突出以学生为主体的教育理念，突出分类指导的理念，突出知识的创造性应用理念，突出创新的理念等。但在高校目前的创新创业教育课程中，许多教师还是秉持传统的以教师为主体的理念，采取大众化的统一教学模式，以讲为主而不是以做为主，即使重视实践教学，在有限的课堂教学时间里，做什么、怎么做、怎么做得有效果等缺乏相应的对策，尚未确立一套成熟的教育教学理念，以适应创新创业教育的需求。

目前，我国高校尚未将创新创业教育确立为一个独立性较强的学术领域，很多高校都没有将创新创业教育纳入主流教育体系的一部分内容中，更加没有形成成熟的框架和理论体系。尽管高校内部已经开展了一些创新创业领域的活动，但

普遍存在功利性较强的问题。一些高校教学管理人员认为，创新创业教育就是为大学生的就业服务，而创新创业教育则是为那些就业存在困难的学生群体提供创业的指导。从这里可以推断出，大部分高校并未将创新创业教育纳入其人才培养计划之中，这也意味着该领域的教育实践还有待丰富。同时，由于缺乏完善的制度保障和相应的政策支持，使得高校在开展创新创业教育方面存在着很多问题。采取的部分措施仅仅停留在技术创新和理论创新的层面。

三、课程体系不够完善，内容有待更新

创新创业教育并未真正融入高校的培养计划之中，属于边缘教育的一个类型。由于创新创业教育的课程体系和教学大纲还不够完善，大多数学生只能通过一些选修课和讲座学习相关的知识，这使得学生很难在这些缺乏体系性的内容中掌握连贯的知识；由于教学内容在学科和专业方面缺乏横向性的联系，教学模式依然采用传统化的模式，这些因素都对创新创业的教育产生了负面的影响，对学生创新意识和创业素质的发展造成了负面的影响。

创新创业教育必须注重“创新”，随着社会和环境的不断变化，教学内容也必须不断更新。然而，在具体的操作中，教学内容和教学方法都比较陈旧，不利于创新创业教育的发展。以北京、天津、广州、杭州等较早开展创新创业教育的高校为例，这些高校开设的创新创业课程类型单一，课程形式都是选修课，教学内容不能与时俱进，教材不能得到及时的更新。

四、师资力量薄弱，同专业教育脱节

师资队伍建设对创新创业教育质量的提升起到了关键的作用，目前我国大多数高校的创新创业教师主要为高校的管理员和辅导员。这些教师都比较缺乏教学和创业的实际经验，只能根据书本上的知识为学生授课，而且教师的知识结构不够多样化，难以满足教学需要，尤其是在开设高质量的创业课程方面存在困难，同时教师自身的创新能力就难以提升，难以培养出创新型人才。尽管高校会采用聘请政府机构或企业管理人员的措施，甚至让外部人员担任兼职的教师，但仍缺乏一个系统化的教育框架。由于普通高校的办学经费存在限制性，因此在创新创业教育方面，各高校难以投入实际需要的经费和资源等。此外，由于一些政策和措施不能有效落实，教师的积极性不高。教师的科研、理论教学工作十分繁重，对此投入的精力和时间也存在一定的限制。

我国的创新创业教育不能和专业课程产生有效的连接，这种脱节问题已经引起了社会广泛的关注和担忧。当前，我国众多高等教育机构已认识到创新创业教育的重要价值，但尚未将其纳入专业教育的培养计划和体系之中。这使得一些院校在实施创新创业教育时往往只是停留于形式上，缺乏实质性内容，而创新创业教育并未形成一个完整的教学体系和实践平台。长期以来，高校以就业率评估创新创业教育的成效，但从未将创新能力纳入学生评价体系之中，导致创新创业教育与专业教育不能有效结合。这种脱节现象使得许多从事高等教育的教师认为，创新创业教育只是“第二课堂”的一个活动类型。创新创业教育体系不在学校的学科建设规划、人才培养方案以及质量评价体系中。此外，由于创新创业教育发展的时间较短，建设内容也有较大的进步空间，导致各高校的课程设置随意性较高，大多数课程都是从师资队伍建设的实际情况安排课程，这也导致了缺乏和专业教育体系结合的问题，从而阻碍了创新创业教育的发展。

五、实践平台不完整，实践结果不理想

大学生在创新创业方面的需求超越了单纯的理论知识传授，因此创新创业教育需要更广泛、更深入的探索和实践，以满足他们的需求。当前我国高校普遍存在着对大学生创新能力培养不够关注和支持的情况，有些高校不重视实践基地的建设，基础设施水平较低，从而无法从根本上提升学校的教学水平。在制订教学方案和安排教学计划时，创业实践实习环节或实践环节的缺失，以及学时和课程内容的不合理安排，从而限制了学生结合所学专业知识和社会需求进行创业实践的活动。

第四节　创新创业教育体系的构建

国家的强大离不开优秀的人才，而民族的进步离不开不断创新的精神。为了我国转型为创新型国家的宏伟目标，我们必须以培养创新型人才为实施的先导，而在这一过程中，大学生扮演着不可或缺的主力军角色。因此，我们必须高度重视大学生的创新创业教育，以更好地履行高校的历史使命。

一、构建大学生创新创业教育体系的意义

构建大学生创新创业教育体系是一项涉及多个主体的复杂系统工程，需要相关主体的长期投入和协调。这一系统的建立与完善，不仅可以有效地促进高校自身的发展。从宏观角度来看，构建大学生创新创业教育体系对于促进国民经济的发展和国家的竞争力具有重要作用。具体而言，能够为各主体的发展起到积极的促进作用。

（一）推动高校育人模式的改革

目前，我国高等教育的人才培养模式仍然会受到计划经济的影响，高等教育大一统的基本模式没有得到改变，但相近领域的不同专业人才无法在专业性上作出区分，高校的教育理念、方式、内容等依然没有发展，教学内容的稳定性和单一性是教学的特点，知识的重复是主要目标，教学过程只是简单的、单一的过程，学生只是简单听讲，并将操练、背诵、模仿作为主要的学习方式。这种育人模式已经不能满足时代发展的需要。创新创业教育的本质在于通过一系列教育活动，激发学生的创新创业意识、思维和能力，以促进其未来的发展。创新创业的教育模式符合我国的发展要求。这一模式采用多元化的授课方式，将激发学生的创新能力作为发展核心，帮助学生在学习专业知识的同时，提升综合素养。创新创业教育不仅有利于大学生实现自身价值，也有助于社会经济发展以及国家建设人才强国战略的实施。

（二）大学生自身素质和适应社会能力

在大学生进入社会前的最后阶段，高等教育不仅要让学生掌握丰富的知识，更要让他们掌握融入社会的能力。在培养学生的过程中，大学生创新创业教育体系中蕴含了丰富的系统理论性知识，同时开展了十分系统的思维训练和具体实践，以促进学生个性的发展和提升。在运用教学方法方面，创新创业教育注重将课堂教学、情景模拟和实践结合在一起，以达到更好的教学效果。创新创业教育是一种新的人才培养模式，能够将理论教学与实际生活联系起来，以提高学生的创新能力和创业精神。通过培养大学生的实践能力和进行就业尝试的培训，创新创业教育能够让学生在学习过程中更早地体验社会，认识自我、调整自我，从而能够真正融入社会。

（三）缓解大学生的就业压力

高等教育的普及化导致了大学生就业压力日渐增大，这是未来必然会出现的现象。自 2003 年起，高校毕业生数量快速增加，大学生就业问题逐渐走入人们的视野。为了解决大学生就业问题，政府部门出台了多项政策，其中之一是鼓励高校毕业生积极探索自主创业之路。目前我国高校已开展了多种形式的创新创业活动，一方面，大学生通过接受具有创新性的创业教育，自身的素质得到了提升，从而增强了自身在就业市场上的竞争力；从另一个角度来看，一些年轻的大学生通过自主创业，成功地减少了就业的竞争压力，大学生通过自主创业还可以为他人提供就业机会，同时也进一步缓解了就业市场的压力。

（四）为社会提供更多优质的人才和技术

大学生在参与创新创业教育的过程中，不仅提升了自己的创新思维和创业意识，同时为创新创业的实践奠定了基础，这些努力也带来了丰硕的成果。此外，每年都会涌现出大量的新型技术、创业项目、科技发明等，这些创新成果为我国科技进步和社会发展注入了新的活力，同时也为大学生创新创业教育体系的构建提供了有力支撑。

大学生创新创业教育体系是由一系列相互关联的系统构成的，其中的每个系统具有特定的功能和作用，它们围绕着大学生创新创业教育这一主要目的，构成了一个有机的整体，这个系统由政策环境和社会资源共同构成。实现大学生创新创业教育需要政府、高校、企事业单位以及大学生等多个主体共同参与，形成一个协同配合的“三位一体”系统，其中包括政策、教育、资金、基础设施和服务等多个子系统。

在创新创业教育的整个体系中，每个主体都具有特殊的功能，从而形成了一个相互关联的有机整体，这是整个体系存在和发展的基石。

高校是大学生创新创业教育任务的主要承担者和主要力量，其主要功能是通过执行教育任务来培养大学生的创新创业的理念、意识，以及实现途径和方法，并提供一定的场地、人员、资金和技术支持。政府在大学生创新创业教育体系中主要发挥着政策支持的作用，通过政策支持来引导大学生创新创业，为大学生创造良好的外部环境，并提供社会保障和一定的公共资源的支持。企事业单位在大学生创新创业教育体系中主要发挥着提供实践平台、孵化成果等作用。大学生则是创新创业教育的受众，是整个体系的核心，接收着来自高校、政府以及企事业单位的各种教育的服务和支持。

二、完善大学生创新创业教育体系的建议和对策

（一）高校要完善创新创业教育的必备条件

1. 完善创新创业教育的教学条件

首先，要明确创新创业教育在高校教学中的地位，包括课程体系设置的性质，即必修课、选修课的配置，课程内容涵盖的广度和学时的设计，哪些学生为授课对象等。并且要成体系地制订大学生创新创业教育教学规划，明确创新创业教育的指导思想，合理规范地设置课程，注重与专业课程的有机融合。

其次，在课程体系设置上，要注重与专业课程体系、其他学科课程的有机结合，加强课程的创新性和实用性，构建一套多层次、立体化的创新创业教育课程体系。

最后，在教学方式上要注重大学生创新创业意识、创新创业精神和创新创业实践能力的培养，加强课堂教育、模拟训练和创业实践相结合的培养体系。

2. 加强创新创业师资队伍建设

首先，高校可以在本校内选拔、培养部分教师，专门从事创新创业教育，并有计划地开展培训和交流，及时更新专业知识和教学技能。

其次，鼓励和引导外部师资的介入，由于创新创业教育对师资实践经验有较高要求的特点，社会专业的人力资源、创业指导与咨询等机构的师资力量，可成为高校师资的有力补充，对创新创业教育实现社会化、专业化的发展具有重要意义。

此外，企业家、政府人士也可作为大学生创新创业兼职导师参与其中，他们所拥有的丰富的实践经验、社会资源，能对大学生创新创业提供更好的指导。

3. 加强高校创新创业基础设施建设

创新创业教育对配套的基础设施有较高要求，在教学场地上除了配备一般课堂教学所需的公共设备和设施之外，还需要场景模拟、创业者模拟演练沙盘等设备设施。在实践场地上，有条件的高校可以建立一定规模的基地，但重点要加强与政府及企业的合作，共同创建“创新创业园区”“成果孵化基地”等。

（二）政府要创新和完善大学生创新创业教育政策体系

1. 创新和完善大学生创新创业教育政策体系

政策创新和完善是一项复杂的系统工程，是公共政策生命周期之中必经的

一部分。为了满足公共政策现实的需要，通过政策实施过程中的信息反馈，对现行政策不断地进行改革与创新，以增强其生命力，从而达到满足公众利益诉求的目的。大学生创新创业教育政策的创新和完善，一是要注重政策的完整性，要涵盖创新创业教育的全过程，要增加鼓励企业参与创新创业教育的支持政策；二是要注重各项政策之间的协调性，防止政策之间的相互矛盾，确保政策的匹配和衔接；三是要注重政策的实效性，要广泛听取大学生和高校的意见和建议来制定政策。

2. 完善大学生创新创业的法律制度建设

目前，我国制定的有关大学生创新创业的政策大部分以通知、意见等行政文件的形式存在，不具备法律效力，难以保证政策的连贯性和持续性，也使得大学生创新创业缺少专门的法律制度保障。完善的法律制度不仅能保证各项政策的实施效果，还能让大学生在接受创新创业教育的同时培养法律意识。

第五节　创新创业教育管理模式

一、建立课程模式

课程体系是大学生创新、创业教育的核心内容。当前我国大学生创新、创业课程还处于零星摸索的状态，迫切需要建立多层次、多类型的课程体系，包括创新创业意识、知识、能力、实践等方面内容。我们要将设计制订科学合理的创新创业型人才培养计划贯穿于整个大学生四年教育的全过程，将创新创业课程一起设计，统筹考虑，两者相互交融。可以考虑主要设置三大层次的课程。

第一层次：通识课程。该层次的课程主要以激发学生创新、创业意识，培养创新创业精神为主，面向全体学生，作为大学生的一项基本素质贯穿在整个大学教育的全过程。

第二层次：专门课程。该层次的课程主要针对那些有较强创新、创业意愿和潜质的学生而设置，通过案例、情景等教学，提高学生创新创业的基本知识、技能和技巧。

第三层次：实践课程。通过精心设计各类创新创业实践活动，以项目、活动为引导，课程与项目、活动相结合，有针对性地增强学生创新创业的实战能力。

二、创新人才培养模式

（一）纵向拓展型人才培养模式

实行技术专业＋经济学辅修、技术专业＋管理学辅修等模式，对传统专业技术人才培养模式进行改革，注重从产品的专业技术设计、生产，向销售、营销等延伸，加强与企业的合作办学，大力拓展专业内涵，扩大学生的服务面向，使学生不仅掌握专业技术，也懂生产和经营，实现了产前、产中与产后的结合。

（二）横向拓宽型人才培养模式

对经济类、管理类、法学类、外语类等专业，在保证学生掌握相关学科专业基本理论、基本知识与基本技能的基础上，增设反映专业技术等方面基本知识与理论的课程模块，向相关专业领域及相近学科专业拓宽，拓宽学生的专业面，增强学生对社会的适应能力。

（三）基础＋模块人才培养模式

为培养社会急需人才，在专业内灵活设置专业方向，使学生能根据自己的兴趣爱好及社会需求选择课程模块。

（四）学、研、产相结合人才培养模式

实施大学生科研计划，积极鼓励学生参与教师的科研和企事业单位的实践工作，积极创造条件让教师参加科研、产业开发和企业经营管理。教师将最新成果和产业实践及时反馈到课堂，选入教材，使教学延伸到科研和市场第一线，优化学生的实践教学环节。学生在参与科学研究活动的过程中，强化创业意识和务实创新的科学精神，增强实践能力。通过教学模式的变革，真正培养宽口径、厚基础、一专多能的创新创业复合型人才。

三、实践教学模式

（一）建立职业规划指导研究中心

创新创业是复杂的、综合性很强的过程，它的模糊性、不确定性和风险性使得创新创业者一开始就要注重学习、掌握市场规律、组织协调、整合资源、经营管理等各个方面的知识，同时必须具备一定的战略眼光，要能身兼多职，有具体的经营技能。因此，高校在创新创业教育中应建立职业规划指导研究中心，该机

构主要负责对大学生从事职业进行规划指导和研究。为了取得好的效果，高校在实施中应实行双导师指导制度，即指定优秀的专业导师和邀请成功企业家担任学生的创新创业导师。专业导师以专业素质提升为重点，提高学生专业的科研能力，以科研促进创新创业的成长和发展；企业家给学生讲授创新创业经验、市场现状、专业技能等方面的知识，扩大学生的创新创业平台。

（二）营造创新创业氛围

在校园营造浓郁的创新创业氛围对于培养创新创业型人才十分重要。高校可以利用广播、校报、橱窗等工具，大力推进创新创业精神的宣传；积极树立勇于创新创业的榜样、典型，把校园创新创业精神形象化、具体化；充分利用校内外教育资源，组织高质量的创新创业报告、论坛。这种文化氛围有利于唤醒师生的创新创业意识，激发师生对创新创业教育的热情，激励师生提高自身创新创业素质。通过各方面的努力，使学校形成鼓励师生创新创业、支持师生创成业、帮助师生创好业的校园创新创业氛围。

（三）开设 SYB 创新创业专训班

高校可以开设 SYB 创新创业专训班对大学生进行创新创业过程模式培训。通过 SYB 可以为大学生提供更加系统的创新创业知识培训和更为深化的创新创业精神体验，以案例式教学法为主，激励学生从专业切入，培养创新创业实践能力。同时，将市场化运作的社团活动和项目化运作的社会实践、大学生对外拓展等活动作为大学生校内创新创业的实践载体，组建“虚拟公司”，学生在虚拟公司中轮流担任不同角色，体验真正的创新创业型公司的运作全过程，提高在实际操作中解决各种突发事件的能力。

（四）促进学校产、学、研一体化发展

依托高校知识创新的基础，把技术优势转化为产品优势，发挥产、学、研发展过程中教师的指导作用，对学生实施传、帮、带，为开展创新创业活动提供科研指导。根据学生创新创业团队的特长和需求，每个团队都可自己聘请专业导师和创新创业导师。同时，学校将帮助团队联系和推荐合适的校内外导师，并对每位导师进行聘任，学校对于优秀的导师还可以给予一定的精神和物质奖励。

（五）借助竞赛帮助大学生实现创新创业的社会转化

学校每年可以举办校系大学生创新创业竞赛，推荐优秀队伍参加省市创新创

业比赛项目和全国“挑战杯”等创新创业比赛。通过比赛普及创新创业知识，展示创新创业成果，评价创新创业能力，倡导创新创业文化，发现和培养创新创业型人才，积极帮助学生吸引风险投资，将比较成熟的创新创业团队推向市场，完成学生创新创业从学校到社会的顺利转化。

第六节 创新创业教育路径

一、创新创业教育路径选择的考虑因素

（一）教育部关于高校创新创业教育的指示精神

教育部在《关于大力推进高等学校创新创业教育和大学生自主创业工作的意见》（教办〔2010〕3号）中明确提出，创新创业教育是一种教学理念与模式。据此指示精神，创新创业教育应考虑以下四点：一是教育的基础是建立在学生的创业需求和创业方向上，学生的专业背景只是考虑的因素之一；二是创业课教学呈现出“实务课”和“经验课”的显著特征，课程设置应带有明显的“培训课”性质；三是教材建设应以实践教学为主线设计；四是教师的主要职责是为学生的创新创业提供指导和服务，教学过程以学生的创业体验和创业实践为主，通过学生的自我教育，积累创业经验，提升创业技能。

（二）大学生创新创业需求现状

根据相关研究成果和高校调研的结论，在大学生群体中，愿意接受系统创业培训的大学生约占30%，具有较强烈创业意愿的大学生约占10%，具备创业潜质、具有创业兴趣、拥有一定创业条件的大学生约占5%，而对毕业1～3年的大学生的调查数据显示，大学生的创业成功率在1%左右。因此，要依据大学生群体的不同需求，开展不同层面的创新创业教育。

二、创新创业教育的路径选择

（一）创新创业普识教育

普识教育是在开设大学生职业生涯规划课程的基础上，面向全体大学生，在

大学的第二或第三学期开设的创新创业课程，以20学时为宜，主要讲授创新创业意识、创业环境与创业者素质、创业流程和创业风险及应对等内容。目的是指导大学生树立创新创业意识，对自己的创业能力进行评估和澄清，提高创业兴趣，为下一步专修教育提供条件。

（二）项目孵化

项目孵化是在孵化园中，大学生（创业团队）的创业项目由萌芽、成活到新创企业的培育过程。项目孵化需要：建设孵化场地和配置相关设施；设立大学生创新创业基金，制定基金管理办法；组建创业导师团队，采用责任制的方式，帮助学生创业项目顺利孵化；组建孵化项目管理团队，对学生的创业项目移植到孵化园进行审批，对学生使用的创业基金进行审批和管理；建立扶持大学生创新创业的政策。通过上述工作，充分发挥高等教育孵化园的孵化功能，大学生的创业项目进入实施阶段，新创企业的多项条件成熟后移植于社会。

（三）社会移植

大学生（创业团队）的创业项目进入社会后，导师团队和项目管理团队要建立跟踪支持系统，在1～2年内对大学生的新创企业进行扶持和帮助，使大学生的新创企业顺利成长。

在以下四个节点中，普识教育是基础，在大学生创新创业意识树立的前提下，使一部分具有创业潜质的大学生脱颖而出，进入创业的强化教育和创业体验阶段；专修教育是核心，通过创业体验和创业实践，获取创业经验，在教学团队和企业家导师团队的指导与服务下，催生创业项目，撰写商业项目书，使之具体化和可操作化，为进入孵化园孵化创造条件；项目孵化是关键，它既是创业专修教育成果的具体表现，也是提高大学生创业成功率的重要措施，更是提升创新创业教育影响力、营造创新创业氛围的关节点；社会移植是结点，大学生新创企业的顺利成长，真正落实了以创业带动就业的教育目的。

第二章　创新思维训练与创业意识

大学生创新创业教育过程中，创新思维训练以及创新意识的培养至关重要。本章围绕创新思维训练与创业意识展开论述，主要包括三方面内容，依次是创新思维概述、创新思维应用、创业意识。

第一节　创新思维概述

一、创新思维及其过程

创新思维，简而言之，就是创造性地解决难题的思维模式，不同于常规的思维模式，它是从超常规或反向思维的角度去看待一些难题，提出独具新颖的想法，以至于产生了前沿的具有创新性和社会意义的结果。

美国心理学家约瑟夫·沃拉斯在《思考的艺术》一书中，针对创新思维提出四阶段模型，即准备阶段→孕育阶段→顿悟阶段→验证阶段。

①准备阶段：主要是积累知识、提出问题、调查研究、收集资料、分析别人的经验等，确定创新的方向和目标。

②孕育阶段：经过长期系统的准备之后，个人已经有了一定的积累，并开始迈入了深思熟虑的探索性实验阶段。

③顿悟阶段：在经过了长时间的精心孕育阶段后，伴随着创新活动的深入开展，通过持续地探索和逼近得到了一定的领悟，由此产生了创新成果。

④验证阶段：要想验证创新成果的合理性、有效性、可行性，需要通过推理或实践操作，只有通过验证才能证明创新成果的价值。

二、创新思维的特点

创新思维是以新颖独特的方法解决问题的思维模式。大学生创业者需要解决产品、盈利模式、融资等问题，这时便需要打破常规思维的界限，以创新思维去看待和解决问题，找到独具新颖的解决方案。而创新思维既包含了常规思维的特点，同时也体现出它自身的独特之处，基本上概括为以下几个方面：

①求异性：注意客观事物的差异性和独特性，注意现象与本质、形式与内容之间存在的不同。

②联想性：利用已有的经验或发明创造来创新，“由此及彼”“举一反三”。

③发散性：从一个点出发，任意发散，不加限制，是一种开放性的思维方法。

④综合性：把对事物各个侧面、部分和属性的认识统一为一个整体，从而把握事物的本质和规律的一种思维方法。

⑤独创性：提出新的创见、有了新的发现、实现新的突破，具有开拓性、延展性、突变性。

⑥灵活性：为解决问题，不断调整思路和方向，不受既有思维的约束。

三、常见创新思维方式

心理学研究表明，大多数人在大多数情况下，思维形态都是正向的、直线式的常规思维，要打破常规思维，就必须以发散的、收敛的和形象的等非常规的形态思考问题，为更好地了解创新思维，我们下面对四个常用的创新思维方式进行分析。

（一）发散思维

发散思维是沿着不同的角度和方向思考问题，突破惯性的限制，从多方面寻求多样性答案的思维方式，如“一题多解、一事多写、一物多用”等，产生举一反三、触类旁通的效果。大学生创业者在开发和选择创业产品时可以从“一物多用”的角度来发散思考产品的功能性问题，从而开发出独特功能的创新性产品。发散思维主要有以下几个特点：

①流畅性：自由发挥观点，短时间内表达出尽可能多的思维观念。

②变通性：借助横向类比、跨领域、触类旁通等方法，从不同的角度和方向扩散思维。

③广泛性：使思维生发、扩展、深化，如用思维导图来延伸和提高创造性思维能力。

④独特性：具有不同寻常的、异于常人的思维能力。

（二）收敛思维

收敛思维与发散思维恰恰相反，它又被叫作“聚合思维”“求同思维”等，可以看出它的主要特征是让思维一直向同一方向聚拢，使得思维变得更加有逻辑、有条理、有规律。创新思维一般是先进行思维发散，后进行思维收敛。例如，大学生创业者在思考商业模式的时候可以使用收敛思维，聚焦主题，摒弃表层问题，挖掘本质，找出核心盈利方式，确定自己的商业模式。

①聚合法：把所有感知到的对象依据一定的标准“聚合”起来，显示它们的共性和本质。

②分析综合法：在思考问题时，要逐层分析，一步一步接近问题的关键，试图抛开一些繁杂的、不是本质的特征，去寻找事物的深层本质。

③目标确定法：确认搜索目标，仔细对目标进行观察，并迅速做成判断，找到关键所在。

④聚焦法：在思考问题的时候会有意识地、有目的地停止思维过程，将前后的思维领域进行浓缩和汇集，以帮助我们更有效地回顾和判断一些事件、一些问题、一些零碎的信息。

（三）形象思维

形象思维更为具体与形象，它是通过直观形象和表象去解决问题的思维。

①模仿法：以一定的模仿原型作为参照物，并在其基础上进行改变而生成新事物。许多发明创造是以模仿前人或者自然界为前提，比如模仿鸟类创造飞机、模仿鱼类创造潜水艇、模仿蝙蝠创造雷达等。

②想象法：在大脑中撇开某件事物的真实情况，形成一个深刻反映事物本质的简单理想化的意象。现代科学研究普遍采用直接想象来做思想实验。

③组合法：从两个或更多的东西或产品中提取适当的元素进行重组，以此组成一个新的东西或新的产品。组合法是一种创造技法。

④移植法：把一个领域的原理、结构、方法、材料等移植到另外一个领域，从而创造出新东西的方法。移植法的主要分为原理移植法、方法移植法、功能移植法和结构移植法几类。

（四）逻辑思维

逻辑思维是一种基于抽象概念和范畴的科学思维过程，它通过对概念、判断和推理的反映，揭示事物的本质，从而表达对现实的认知和理解。在逻辑思维中，需要运用概念、判断和推理等多种思维形式，以及比较、综合、概括、抽象等多种方式，对于这些思维形式和方式的运用和掌握，则是衡量逻辑思维能力的重要标志。

①分析与综合。分析是通过将对象分解为各个部分或因素，并对其进行单独的考察和分析的逻辑方法。综合是将对象的各个组成部分或因素融合在一起，形成一个有机的整体，以便更好地进行考察的一种逻辑方法。

②分类与比较。分类是根据事物的共性和差异将事物进行归类，将同属性的事物归为同一类别，而将不同属性的事物归为不同类别的一种逻辑方法。比较是对两个或两类事物进行比较，以确定它们之间的共性和差异的一种逻辑方法。

③归纳与演绎。归纳是基于个别性推导出一般性结论的过程，而前提与结论之间的联系是偶然的。演绎的本质在于从一般性的前提出发，推导出具有个别性的结论，而这些前提与结论之间的紧密联系是不可避免的。

④抽象与概括。抽象是通过运用思维的力量，从对象中筛选其固有属性，舍弃其他非本质的元素，以达到抽象的目的的一种逻辑方法。概括是从单一对象的属性扩展到这类事物的整体思维过程中的一种逻辑方法。

第二节　创新思维应用

大学生创新创业项目的独特之处在于它不仅能够激发大学生的学习热情、主动性和创造能力，同时也为他们提供了参与社会实践、接触工程实践、参与科研训练的机遇，从而有助于提高他们的社会实践和创新能力。因此，在开展创新创业教育活动中必须注重对创新创业意识的培育，特别要重视大学生创新思维能力的提升。创新创业项目质量的关键在于培养和应用创新思维，这是不可或缺的。创新思维是一种从多个角度深入思考，探索各种不同的解决方案和方法的复杂过程。此外，大学生的创新创业计划需要参与者集思广益、共同研究和探讨，以激发他们的发散性思维，若能巧妙地运用发散性思维模式，将会对项目的推进和大学生自身能力的提升带来莫大的益处。因此，在大学生创新创业教育中引入发散性思维能力训练具有重要意义。

一、大学生创新思维能力的培养与应用

1916 年，美国学者首次提出了创新思维的概念，即在学校实施创新教育，大学生应该根据自身兴趣和爱好进行个性化发展，而不是拘泥于条条框框，这样才能真正发挥每个大学生的潜力。因此，近年来，欧美一些国家的大学生在创新能力方面具有明显的竞争优势，这与欧美这些国家的大学生在大学期间接受的创新教育密不可分。

在我国的高等教育体系中，每个人都遵循一定的规律，特别是在中小学阶段，人们都致力于通过学习知识考入一所优秀的大学。进入大学后，却发现原来的学校和教师也不像从前那样重视人才培养，学生普遍缺乏个性化的发展，他们的发展范围过于广泛，缺乏创新思维。这就造成了大学生的个性被扼杀，导致大学生缺乏创造力和竞争力。当前，我国众多高等教育机构致力于激发学生的创新思维。但是创新思维的幼苗需要经过漫长的岁月沉淀，才能逐渐茁壮成长。因此要从学校教育抓起，在课堂中加强对学生进行创新能力的培养，让他们能够有自己独特的个性和创造力。因此社会必须对教育体制进行改革，以培养那些具备高素质、高能力和一定创新能力的有用人才，以此满足国家的需求。

（一）大学生创新思维能力形成与知识、实践的关系

人类的认知和改变世界的基础能力在于知识，缺乏知识将无法形成一定的理论体系，从而无法培养出大学生的创新思维。在当今科技高速发展的时代，知识更新越来越快，社会对高级应用型人才的需求越来越大。高级应用型人才不仅要具备深厚的理论基础，还要具备经验丰富的实践动手能力。只有通过实践锻炼，才能够使大学生掌握更多知识，因此为提高大学生的理论知识水平，促进大学生大脑思维的快速发展，各高校需要培养大学生的实践能力，让他们了解这些知识所能解决的问题。因此，实验教学在教学中占有重要地位。学生的创新能力源自他们在现有理论基础上进行更深入的实践应用，这是其根本所在。

（二）大学生创新思维能力培养的实践途径

尽管创新思维源于深厚的理论知识，但缺乏实践应用能力去证明它的正确性，只能停留在纸上谈兵的层面，本书将从以下几个角度探讨创新能力培养的实践路径。

1. 社会实践

当今社会扮演着大学这个角色，每一位大学生都必须在这里接受全面的教育

和锻炼。大学生的基础能力可以通过参与社会实践来得到提升，通过社会实践可以更好地了解社会和认识社会。每一位大学生都应该将所学知识应用于企业实践中，以实现自身的价值，同时通过具体的工作实践来提高自身的创新能力，为自己的创新思维提供一个实践的场所。

2．科技创新活动

大学生科技创新活动，是以学生的个人兴趣为中心，学校有组织地引导他们参与各种形式的科技创新训练和研究实践，以培养大学生的科技创新思想、创新精神和创新思维能力的一种教育实践。其目的在于增强大学生对科学发展和社会进步的责任感和使命感，锻炼其思维方式和方法，从而促进大学生综合素质的全面发展。科技创新活动涵盖了国家大学生创新计划项目、国家大学生创新性实验计划项目、省、校级大学生创新性实验计划项目、全国大学生系列科技学术竞赛“挑战杯”以及校园内的科技创新活动等多个领域。在这些科技创新活动中，大学生通过自主设计、合作探究、成果展示、交流分享，营造了浓厚的创新氛围。积极参与科技创新活动的大学生不仅拓宽了视野，同时提升了实践动手能力和创新水平。

3．实验创新活动

在大学生中开展实验创新活动是优化本科生培养模式的一种重要手段，它探索和确立了以问题与专题为中心的教学模式，有助于形成创新教育的良好氛围，激发大学生从事科研的兴趣，启发大学生的创新思维与创新意识，促进大学生创新实验能力的培养。

4．创新基地实习

学校自主创建或与社会力量联合创办的创新基地，是集教学、科研、生产于一体，为学生提供一个稳定、可靠、先进的认知训练场所，同时也是一个综合性实践平台，旨在培养和训练大学生的创新精神和实践能力。

（三）大学生创新思维能力培养的实践机制

大学生创新思维能力的培养实践机制，涵盖了个人、家庭、企业、学校、教育机构等多个方面的要素。其中社会环境和高校自身条件是最重要的两个方面。大学生创新思维的发展离不开多种因素的协同作用，这些要素共同构成了一个培养大学生创新思维能力的平台。

二、大学生创新创业项目中思维导图的应用价值

思维导图的应用不仅可以促进大学生发散性思维的形成，而且在培养和发展大学生的创新思维方面具有显著的推动作用。大学生创新创业项目的要求与思维导图的功能特性高度契合，因此将思维导图应用于该项目具有显著的实际意义。通过运用思维导图对大学生创业进行指导与管理，既能提高大学生创业者的综合素质，又能增强其创新能力。此外，思维导图还能够在以下几个方面推动创新创业项目的落地实施。

（一）全面把握项目进程

在大学生创新创业项目刚开始启动时，我们可以运用思维导图工具，将所有与项目相关的要素和要素之间的相互关系进行详尽的描述。通过对这些要素进行分析、归纳、总结，每个参与该项目的人都能够构建出一幅完整的项目“全景图”，在思维导图的制作过程中，由于其始终围绕着各个主题展开，因此其关注点始终集中于项目本身，这有助于使项目设计更加科学。参与项目的各方可以根据思维导图深入了解项目的整体架构和各个环节，从而提高下一阶段项目实施的速度。譬如以“某某创新课题”为核心关键词，以“流程”“概述”“材料”“成果”等为一级分支的关键词，进而以各个一级分支为原点，勾勒出二级分支的轮廓。将每个二级分支对应到相应的三级分支，然后按照顺序依次排列起来。以“流程”为起点，勾勒出“形成阶段”“实施阶段”“总结阶段”等细分领域，并以此为基础逐步推进。将所有二级分支按照一定顺序连接起来即得到整个项目管理网络。在此基础上，运用多样的色彩表达各个分支，每个分支上均可标注与主题相关的图形。借助这些技巧，每个参与者都能够从宏观和微观两个角度全面理解项目的进展情况。

（二）促进人与信息有效连接

传统的记笔记方式是依据特定的语法、记事或层次顺序进行记录，采用的是线性思维模式，因此视觉节奏、色彩、维度、想象、空间感等元素不显著，难以呈现真实事物之间的立体联系，因此需要采用更为高级的方式来呈现。而思维导图以其直观化、可视化的特点能够有效地帮助人们正确认知事物之间相互关联及发展变化，能够将上述元素有机地融合在一起，从而呈现出事物之间错综复杂的立体联系。在创新创业计划中，借助思维导图中的节点关系的建立和推演，可以在解析信息、创新方案等领域组合联系，从而更加全面地呈现信息的内涵，同时

也能将发散性问题转化为收敛式问题，达到对项目整体进行梳理的目的。通过这种多维度的思考和展示，可以更有效地整合和管理项目信息，同时促进参与者与信息之间的紧密联系。

（三）提高参与者思维能力

采用发散式思维的思维导图可有效提升使用者的记忆、分析、联想等思维能力，同时挖掘出更多的思维潜能，对于大学生创新创业项目的设计和实施具有积极的推动作用。大学生创新创业项目是一项复杂且庞大的工程，需要多方面人才共同协作才能完成。因此，在大学生创新创业项目的设计和实施过程中，参与者需要不断提高自身的沟通和合作能力，以应对可能出现的意见分歧。思维导图具有独特的个体经验特征，由于每个人的知识结构、思维常规化、生活和工作经验的差异，因此其所绘制的思维导图也会呈现出多样化的特点。通过运用思维导图进行绘制、阅读和分析等活动，参与项目的人能够全面知道别人的想法，对自己的观点重新审视，与别人进行深入的对话，以此提高自己的合作思维意识。

三、大学生创新创业项目中思维导图的应用策略

目前，许多高等教育机构的创新创业教育活动存在着学生缺乏对创新的热情、未能充分挖掘创新潜能、缺乏创新能力等诸多问题。思维导图作为一种能够激发创新思维、支持发散思维的工具，为解决这些问题提供了有力的支持，然而，如何制定出合理的思维导图应用策略则是其中至关重要的关键。

（一）把握整体，绘制大纲思维导图

在绘制思维导图之前，必须对项目内容进行整体把握，以确保其完整性和准确性。根据项目计划方案、时间安排以及人员分配等多方面因素，主持人会精心绘制一份创新创业项目的大纲思维导图，使每个参与者形成对项目的全局理解，并将其作为后续研究和实践活动的基础。在完成大纲思维导图的绘制后，可以召集参与者共同探讨思维导图的各个细节部分，并提出对导图和项目内容进行完善的意见和建议。在讨论过程中，每一位参与者都要围绕着一个主题展开自己的思考。然后根据每位参与者的才能，对其进行分组，完成各自特定的任务。大纲思维导图是其他思维导图的萌芽，借助它可以不断完善后续导图的结构。同时在学习过程中运用该工具能够让学生更清晰地了解到自己知识体系的构建情况，并对知识点之间的联系有更为明确的认识。此外，大纲思维还能够提高学生参与项目

的积极性，激发每个参与者的潜能，从而为项目的设计和实施提供智慧支撑。

（二）合理分配，绘制流程思维导图

为了合理分配创新创业项目的时间、实施步骤和工作量，可以运用项目流程思维导图进行绘制。项目流程是一个完整而有序的系统，通常被划分为三个不同的阶段，分别是形成、实施和总结阶段。每个阶段又有不同的特征及需求。在每个阶段中，必须制订明确的时间计划和具体的任务和要求，参与者需要在相应的时间段内根据自己的工作内容完成规定的任务。通过运用流程思维导图，参与项目的人可以全面了解项目的实施周期以及每个周期所需经历的时间段，同时轻松定位任务在项目中的位置，以及完成任务对整个项目的影响。这不仅能够增强项目参与者的责任感，还能够推动他们在计划流程中高效地完成各项任务，从而促进项目的顺利进行。

（三）头脑风暴，绘制材料思维导图

参与项目的人可以运用材料思维导图开启头脑风暴，梳理各自的思维模式，并将与项目相关的信息以这种方式进行记录。在这个过程中，参与者不仅需要对所涉及的概念、原理等有一个清晰的了解，而且还要能将这些内容与其他成员之间相互沟通。采用此种方式进行知识整合，将带来出乎意料的效益，参与者往往能够获得极为丰富的知识信息，其中可能包含之前未曾预料到的潜在知识，同时也能够及时发现项目存在的缺陷和不足，并进行及时查漏和补充。思维导图是一个人对问题或想法的思考过程，也是人们在工作中积累起来的解决问题的思维习惯。通过运用材料思维导图，我们能够汇聚来自不同群体的思想、观点、经验和智慧，从而构建一个关于项目的信息宝库。它能够随着人类思维的不断推进，不断地进行补充与更新。

（四）依据目标，绘制成果思维导图

绘制成果思维导图的目的在于向参与项目的个体展示项目完成后所获得的知识和技能，通过运用思维导图对项目成果进行具体而形象的描述，每个参与者都能够明确自己的目标任务，从而激发出他们完成项目的积极性。此外，人们通过绘制成果思维导图也能够从不同角度了解项目内容以及项目的发展方向。

（五）总结分析，绘制整体思维导图

在对思维导图进行全面总结分析的基础上，深入思考各级主题并进行梳理，

最终绘制出一张完整的整体思维导图。整体思维导图详细描绘了创新创业项目的整个过程，同时也记录了项目实施中思维过程，这种记录和描述不仅可以帮助参与者更深入地理解项目过程，还可以让未参与某些项目环节的人员详细了解项目的情况。在绘制过程中，应当将所有与项目相关的思维导图有机地融合在一起，以体现其主干、层次和细节，同时融入新的想法、理解和创新，最终形成一个完整的思维导图。

四、大学生创新创业项目中思维导图的应用思考

作为一种教学工具，思维导图能够有效地提升学习者的学习效率，同时作为一种项目管理工具，它也能够为项目的运行提供更加完善的支持。在大学生创新创业项目的设计和实施过程中，思维导图被广泛运用于各个环节。然而，在实践中，若想要充分发挥思维导图的潜力，需要留意以下几个方面的问题。

（一）应重视提高思维导图的应用能力

目前，在创新创业项目中，思维导图的应用面临着应然与实然之间的矛盾，主要表现在以下两方面：一是思维导图在项目中具有明显的优势，其应用有着广阔的前景；二是学生和项目参与者的思维导图应用能力相对比较低，难以充分发挥思维导图在支持项目方面的潜力。为了解决这一矛盾，首先，学生提高自主学习的自觉性，掌握思维导图的基本绘制技巧；此外，学校或创新创业管理部门应该有针对性地开展相关的教育培训，其内容可以涵盖思维导图绘制技术、创新创业项目基本知识以及思维导图在创新创业项目中的应用方法，只有在全面掌握这三个方面的知识之后，项目参与者才能真正将思维导图有机地融入项目的各个环节中，从而实现高效的项目执行。

（二）应依据学习风格调整思维导图

在构思项目思维导图时，应避免提出过于简单、刻板的要求，而应根据大学生的个性特点进行因材施教，让每个大学生都能够充分发挥自己的潜力，从而呈现出具有独特风格的思维导图。大学生有自己独特的学习风格，并形成了固定的认知模式。由于思维方式有所不同以及思维导图和传统的文字信息在思维过程和模式上存在显著差异，因此在思维导图绘制之初，往往会呈现出杂乱无章的状态，这是一种正常的现象。在这种情况下，需要对问题进行深入分析，让绘制者详细描述自己的思维过程，并组织项目组成员进行充分的讨论，随后对存在的问题进

行必要的修改，并对绘制过程进行全面的审视与反思，从而提高他们的认知水平和思维能力。

（三）应避免滥用思维导图

尽管思维导图具备明显的优越性，但对于那些具有高度逻辑性和结构简洁的内容，使用导图并不是必要的。对于线性思维过程而言，将清单罗列出来或许比运用思维导图更为恰当。若以思维导图为工具，有意呈现这些内容以凸显其创新性，则原本清晰的思路将变得错综复杂。另外，思维导图本身也存在着一定的局限性，比如容易混淆概念和重复绘制等。因此，在创新创业项目中，必须明确思维导图的适用范围，以杜绝其被滥用现象的出现。

第三节　创业意识

一、创业意识的概念

创业者的内在驱动力即为创业意识，是驱动创业活动的重要个性因素，也是创业者素质系统中的首个子系统，即驱动系统。

创业意识所涵盖的要素包括：创业的需要、动机、兴趣以及理想。其中创业需要是创业实践活动得以开展的前提条件。创业者在面对现有条件的不足时，所产生的最新要求、愿望和意识构成了创业实践活动的最初动力和诱因。创业动机是人们展开创业实践活动的内在驱动力，属于一种成就动机，能够鼓舞创业者追求最佳效果和满意的成绩。创业兴趣是指创业者对从事创业实践活动所涉及的情感和态度所呈现出的方向性认知。它能够唤起创业者内心深处的情感共鸣和坚定意志，从而进一步提升创业意识的高度。创业理想是对从事创业实践活动的未来奋斗目标进行持续、稳定的向往和追求，是一种内在的心理素质。创业理想是人生理想的重要组成部分，它涵盖了职业和事业两个方面，而非政治或道德层面的理想，它是创业意识中的一个核心。

二、培养创业意识的现实意义

（一）大学生创业意识的培养是应对当前社会经济发展的需要

随着时代的变迁，知识经济已经成为社会经济发展的主导力量，引领着整个经济体系的发展。知识经济，作为一种以知识为基石的经济形态，与农业经济和工业经济相对应，是一种充满生机的新兴经济形态。而高校大学生作为一支知识渊博、活动能力卓越、社会影响力深远的群体，更需要紧密结合现实需求，积极适应时代潮流。他们需要接受高质量的创业教育，以提高他们的创业意识和素养。

（二）大学生创业意识的培养有利于改变当代大学生的就业意识

在传统教育思想的影响下，人们普遍认为只有跳出农门，通过金榜题名才能彰显家族的荣耀，而创业则被视为对金钱、商业和社会地位的崇拜，对创业教育的理解存在误解。其实在大学生群体中也出现了一些错误的价值观和择业观，如有些大学生认为选择从事国有企业、公务员、事业单位、考研或出国等职业，是一种明智的人生选择。

（三）培养创业意识的教育是开辟大学生创新精神的需要

随着社会发展的不断推进，全球范围内的经济竞争和综合国力竞争已经演变成科技和民族素质的竞争，而科技的进步和民族素质的提高，都离不开创新。大学生作为国家未来建设的栋梁，必须具备一定的创新能力。培养创业意识的教育，不仅提高了大学生的眼界、行动力和意志力等方面的素养，同时也增强了大学生的创新思维能力。对此大学生不仅会在进入职场和就业中获得巨大的帮助，同时他们也会在未来受益良多。

三、大学生创业意识存在的不足

（一）缺乏主动意识

目前，大学生群体对创业的认知和理解程度相对较低，缺乏深入的思考和实践。在国家和高校进行创业教育的探索中，大学生更多的是被动地接受各种与创业相关的知识、教育和意义。因此，许多大学生将学校反复宣传的创业视为一门平凡无奇的课程，仅凭听几堂选修课、参加几次创业实践，便认为自己理解并参与了创业活动。

（二）缺乏主观意识

许多大学生对市场和自我没有理性的分析与认知，对创业选择盲目跟风，一方面，将创业行为视为竞争和攀比的工具，忽视了自身是否适合创业或是否具备创业条件；另一方面，他们对创业环境的了解不足，不能准确判断自身的实力水平。在选择创业方向时，由于缺乏对市场进行深入客观的调查分析，过于追求热门行业，大多数大学生在谈及创业意向时表示会选择高薪行业。

（三）缺乏正确认识

有些人坚信只有那些具备高科技和高资本的人才有资格创业；有些人将创业与素质锻炼相提并论，因为他们顾虑因追求利润而被叫作拜金主义，没有明确的计划和目标。大学生对创业的片面认知表明，他们已经在创业意识的形成方面打下了坚实的基础，因此需要得到正确的引导，以使他们全面掌握创业的各个方面，并培养积极的心态来迎接创业挑战。

四、如何培养大学生形成创业意识

（一）利用第一课堂培养创业意识

高校应建立全面的创业教育课程体系，革新传统的授课方式，构建涵盖创业教育内容的课程，采用多元化的教学形式，丰富大学生的创业知识，使其深入了解和熟练掌握有关小型企业创办和管理的相关知识和技能。比如在课堂上运用创业案例展开教学，通过生动直观的方式展示成功创业者的创业精神、方法和规律等，帮助大学生树立自主创业的意识，塑造新的就业观；激发大学生的创新思维，开拓他们的创业视野；培养大学生具备创业所需的基本素养、技能和品格。加强创业课程与专业课程的交叉融合，拓展大学生自主选择的空间和知识面，增强大学生的创业文化底蕴，提升其创业能力和灵活度，并逐步激发他们的学习热情，唤醒挖掘他们的创业潜能，培养他们的创业意识，以便让他们获得必要的创业知识。

（二）加强社会实践活动和社会公益活动的开展

高校应通过举办创业教育讲座、竞赛和活动等多种形式，建立以专业知识为基础、以项目团队或社团为组织形式的“创业教育”实践群体，以激发大学生的创新意识和创业精神。高校应将大学生创新创业竞赛作为龙头，将学术性社团作为平台，逐步推进大学生创业活动的全面展开，充分发挥大学生自我服务和自我教育的功能。此外，还可以开创校友创业沙龙、创业论坛等形式，促进大学生的专业与兴趣特长之间的有机融合，营造创业氛围，激发创新思维。

（三）加强创业实践活动环节，培养大学生的创业能力

鼓励大学生积极参与创业实践活动，促进他们创业精神和实践能力的培养，创业实践活动是大学生创新教育的重要内容之一，也是高校人才培养模式改革的一个重要环节。比如在校园内建立创业园区、小型企业孵化器等设施，大学生可提出项目申请，一旦方案获得批准，大学生将有机会根据自身能力创办校内公司或从事校内商业活动。高校应成立一家专门的机构来负责管理、督查、评估和验收大学生创业项目，同时还应开展一些大学生创业专题培训、经验交流和教师指导等活动，以培养更多具备创业综合素质的人才。高校教师应通过创业实践教育的过程，引导大学生将所学知识与实际应用相结合，让大学生身临其境地体验企业经营管理的全过程，深刻领悟市场经营所带来的风险，掌握市场变化的预测能力和市场信息，从而为未来成为市场竞争的强者打下深厚的基础。

（四）通过科学的教育和引导，使大学生形成理性的创业意识

第一，引导大学生正确平衡金钱和自我价值的关系，创业固然是自我价值的实现，但金钱利益的实现也是合乎情理的，这是由市场规律所决定的。第二，加强榜样或偶像的影响力，鼓励大学生与企业家建立亲密联系，邀请企业家或业内专家前来校园演讲和互动讨论，使大学生在与他们的交流中不仅能获得创业经验，还能培养追求榜样的意识。另外，高校还应借助大学生中涌现出的自主创业先进典型，引导他们增强创新创业的自信与胆量，从而激励更多有创业萌芽意识的大学生崭露头角。

在当前形势下，各高校必须拓宽视野，从更广阔的角度审视大学生创业意识的培养所遇到的问题。在当前社会和经济结构调整的背景下，大学生创业能力的培养和教育已成为适应人才需求变化、建设和谐社会的必然选择。因此，当今时代对于培养创业意识的需求日益增长，而作为高等教育机构，各高校必须积极探索创业意识的培养途径和方法，培养大学生的创业能力，以迎接新时代的挑战。

第三章　创业者与创业团队

本章为创业者与创业团队，包括四方面内容，分别是创新创业者的素质与能力、创新创业动机的内涵与驱动因素、创新创业团队的组建、创新创业团队的管理。

第一节　创新创业者的素质与能力

一、创业知识

创业知识是开展各种创业活动的基础。一个人的知识越多，知识面越广，结构越合理，创造力也就越大。创业所需的知识范畴涵盖了职业技能、经营管理技巧以及综合素质等多个方面。大学生自主创业是一项复杂而系统的工程。无论从事何种行业，都必须掌握一定的创业智慧和技能，否则很难抓住商机，业务也无法开展。想象一下，一个人若是缺乏食品卫生方面的知识，如何有能力经营一家小型餐厅？若是缺乏对交通法规和营运知识的了解，如何才能在出租车和个体运输领域取得成功呢？不懂市场调查分析知识，怎么能搞好营销工作？若是缺乏工商税务知识，如何完成各项手续，从而实现合法经营和依法纳税？若是缺乏历史和旅游方面的知识，那么如何胜任导游这一职位？因此，掌握必要的创业知识，是开启成功创业之路的首要步骤。

（一）企业开业知识

对企业开业方面的知识包含关于私营和合伙企业以及有限责任公司方面的法律和法规，如何申请开业登记，如何验资以及哪些产业不能私营，哪些行业的经营需走前置审批的流程，成为一般纳税人的条件是什么，应缴纳什么税费以及如何缴纳，如何取得税收减征免征待遇，如何管理账务票证，国家对于偷漏税和其他违法行为有何制裁，增值税率与计征方法，工商管理部门如何实施经济检查，行业管理部门的行业管理与检查等内容。

（二）营销知识

营销知识的范畴十分广泛，包括对市场趋势的预测和调查、消费者的心理、产品的特性、定价策略、销售渠道和方法、营销管理以及互联网等方面的知识。

（三）货物知识

货物知识涵盖了批发和零售方面的知识，以及货物种类、质量和相关计量方面的知识，还包括货物运输、保管和储存方面的知识，以及真假货物的识别等多个方面。

（四）资金及财务知识

资金和财务知识涵盖了货币金融、信用和资金筹集、资金核算和记账、证券、信托和投资、财务会计的基本知识以及外汇等方面。

（五）服务行业知识

服务行业知识涵盖了服务行业管理的法律法规、相关专业服务行业的行业规则、业务知识等多个方面，这是服务行业所必需的。

（六）法律知识

法律知识包括《中华人民共和国公司法》《中华人民共和国合同法》《中华人民共和国消费者权益保护法》《中华人民共和国反不正当竞争法》《中华人民共和国产品质量法》《中华人民共和国劳动法》《直销管理条例》《禁止传销条例》等常用法律法规的相关知识。

（七）劳动用工及社会保障知识

劳动用工及社会保障知识主要包括劳动合同制度中有关签订、终止、解除劳动合同的规定，以及工伤、医疗、养老等国家强制性综合保险制度等知识。

（八）公共关系知识

公共关系知识主要包括日常公共关系知识，如热情服务、礼貌待客、员工的日常形象礼仪等；专业性公共关系知识，如广告策划、专题活动、危机事件的处理、新闻策划等。

（九）演讲与口才知识

交流、沟通、谈判是创业者的基本功。创业者只有拥有过人的口才与演讲本领，才能达到自己所希望的目的。

（十）人文知识

创业者应有意识地学习文学、历史、哲学、艺术等人文科学课程，做到涉猎广泛、知识渊博，这不仅对提高创业者的分析判断力有非常重要的意义，而且能获得更多的商业机会。中国优秀企业家、江苏红星家具集团董事长车建新践行“行万里路、读万卷书”的人生名言，在20年的时间里，他通过行走20万里路、阅读70本书以及聆听60位专家教授的讲课，成功地从一个木匠蜕变为一位备受尊敬的“家具之王”。只有初中学历的鲁冠球，每天都挤出时间来学习，撰写了大量的理论文章，已有60多篇论文在《求是》《人民日报》《光明日报》《经济日报》等报纸杂志上发表，被誉为出口成章的“农民理论家”，曾受聘于浙江大学担任MBA导师，并获得香港理工大学颁发的荣誉博士学位，同时还担任中国乡镇企业协会会长一职。太平洋建设集团的董事长严介和认为，一个合格的职业经理人必须拥有广博的知识储备，包括但不限于工商管理、政治学、法学、经济学、哲学和社会学等领域，只有掌握这些知识，才能成为一位真正合格的企业家。那些在创业道路上获得成就和拥有光明前途的人，必定是那些不断追求知识、不断提高经营能力的人。

创业知识是塑造创业能力、提升创业素养的基石，是大学生自主创业、实现人生价值的重要支撑。在知识经济的背景下，大学生创业需要具备充足的知识储备和完备的知识结构，以支撑他们在科技和知识领域的创业。当然，这并不是要求创业者完全具备这些知识后才能去创业，但创业者本人要有不断完善知识结构的自觉性和实际行动。那么，大学生学习创业知识有哪些途径呢？信息时代，大学生只要做个有心人，就能在平时的学习和创业实践中学到所需的创业知识。

从某种角度看，大学生获取创业知识的途径就像学习机动车驾驶，不同阶段有不同的要求，更像是乘坐不同类型的飞机机舱，各有各的“享受”。

一是考虑“经济舱”。现在越来越多的高等教育机构开设了创业导师课程，涵盖了创业管理、创业心理等多个方面，旨在为大学生打下创业的坚实基础。大学生可以通过阅读大学图书馆提供的创业指导书籍，提升自己对于创业的认知和理解。以这种途径来获取创业知识，是最具经济性和便捷性的。

二是考虑“商务舱”。在当今媒体报道中，创业已成为备受关注的热门领域，无论是传统媒体还是网络媒体，每天都会分享丰富的关于创业的知识和信息。这些网站大多为专业性门户网站，具有很强的实用性。一般而言，在选择媒体时，优先考虑经济和人才领域，备受瞩目的有《创业家》《第一财经》等杂志，以及专业网站如"全国大学生创业服务网"等。此外，各地创业中心、大学生科技园、留学生创业园等机构的网站，蕴含着大量的创业知识，且针对性极强，为创业者提供了广阔的发展空间。

三是考虑"头等舱"。商业活动随处可见，大学生可以通过与有创业经验的亲朋好友交流，也可以向自己所崇拜的商界人士发送电子邮箱，或找合适时机进行电话交谈，或咨询一些专业机构，来拓展自己的视野和知识。通过这一途径，大学生将获得最直接的创业技巧和经验，并在创业过程中获得巨大的收益。

四是考虑"驾驶舱"。参与大学生创业计划书大赛和大学生社团等实践活动，成为大学生获取创业知识和丰富自己创业经验的最佳方式。另外，大学生还可以通过参与创业见习、职业见习、求职体验、组建企业等多种活动，深入了解市场需求，从而提升自身的创业素养和综合能力。这类渠道所带来的知识是最具实用性、最深刻的。

总的来说，在大学生的学习和生活中，创业知识是一种广泛存在的现象，只要他们善于学习，就能够找到展现才能的途径。"学无止境，贵在得法"，成功者的信条永远是不断汲取新知、不断总结经验、不断提升自己的能力。

二、创业能力

创业能力是创业者所具备的专业技能和经验，包括但不限于市场调研、技术专长、人力资源管理、公共关系推广以及风险规避等方面的能力。创业能力与其他能力相比，它更多地表现出创业者在创业过程中所形成的特有个性品质和心理特征。创业乃是一项错综复杂的劳动，需要创业者具备卓越的智力和情商，不断提升自身的创业能力。

（一）职业能力是创业的前提能力

职业能力是指与经营方向紧密相关的主要岗位或岗位群所需具备的能力。创业者在开创首个企业时，所精选项目是自己熟知的领域。因为若是从自己所熟知的领域摸索前进，能够避免许多外行领导内行的尴尬情况发生，那么创业成功的可能性就会很大。因此，创业者必须提升以下的专业技能：企业创办所需的专业技能；具备接纳和领悟与所经营企业的经营方向相关的新兴技术和知识的才干；

具备将相关知识、法律和法规应用于实际操作的能力。对于那些接受以职业资格为导向的高职院校学生而言，这三种技能具备相当程度的优越性。

（二）经营管理能力是创业的基础能力

经营管理能力的提高可以通过创新实践来实现，主要包括以下几种能力：

①信息搜集和处理能力。创业者必须具备信息搜索、更新和使用的能力，他们不仅要具备从各种媒介中提取信息的能力，伴随着科技的进步和网络技术的广泛应用，他们还需要掌握从网络中提取信息的技能。

②把握机会的能力。成功的创业者通常具备发现、甄别、把握和创造机遇的能力。

③评估决策能力。创业者需要通过市场调研、消费需求分析、市场定位分析、竞争对象分析等一系列手段，结合自身财务水平、社交能力、业务范围等因素，遵循“最适合自己的市场机会是最好的市场机会”的说法，做出明智的决断，以完成自己的创业愿景。

④创新创造能力。创业者需要借鉴他人企业的经验，依据联想与创新，打造出独具特色、与众不同的产品、服务、管理和营销手段，从而在同业市场中获得理想份额。

⑤申办企业能力。创业者在设立企业时需要准备充足的物质条件、提供必要的证明材料以及前往各个部门办理必要的手续等。

⑥确定企业布局的能力。在创业过程中，创业者必须考虑企业的地理位置、企业布局结构和性质等，这些都是不可避免的问题。

⑦发现和使用人才的能力。一位成功的创业家必须具备优秀的人才管理能力，不仅善于挑选、运用和优化员工组合，更能够根据群体目标来建立群体规范和培养良好的价值观，从而形成内部凝聚力。

⑧创业融资、理财能力。创业者除需要具备创业实践中的资金筹措、分配、流动和增值等能力外，还需要具备采购和推销等方面的能力。

⑨指挥控制和协调综合能力。对于那些成功的企业家而言，他们需要具备对企业管理全过程进行掌控与筹划的能力，其中包括规划、决策、实行、管理、评估和反馈等环节。

⑩商业策划能力。对于企业管理、企业宣传和投资吸引而言，创业者必须制订一份完整的创业计划书，其中详细阐述了创业项目的本质、原因和方法，这对于企业的成功运营至关重要。

（三）综合能力是创业的核心能力

在创业过程中，综合能力是一种行为能力，它与情商的内涵密切相关，是确保创业成功的主要保障，也是创业成功的核心要素。创业者能够提升多方面的综合素质，包括但不限于以下几方面的能力。

①人际交往能力。除了与消费者、本企业员工打交道，创业者还需要与供货商、金融和保险公司、本行业同仁以及一些管理部门进行互动，因此，参与创业实践活动可以锻炼人际交往的能力。

②交涉能力。一家优秀的企业必然需要进行繁杂的商务谈判，这些谈判可能牵涉到供应、生产、销售和售后服务等多个流程。因此，创业者必须善于洞察谈判对手的心理和实际需求，并运用“双赢原则”，即双方都能在谈判中获胜，从而实现企业的盈利。

③公关能力。企业要想获得持续发展就必须不断地增强自身的公关意识。在激烈的商业竞争中，树立卓越的企业形象是创业成功的关键所在。创业者应当善于利用多样化的新闻媒介和渠道，以增加企业的知名度。

④合作能力。除了与自身的合作伙伴和员工合作外，创业者还需要与各种与企业发展相关联的机构合作，并与同行业的竞争对手合作。创业者应当具备以对方的立场和视角，深刻理解对方的想法和情感，并在合作中表现出色。

⑤自我约束能力。创业者应当以本行业的行为规范为准绳，审视和评估自身和他人的行为，并根据自身的创业目标，自我约束和控制与目标背道而驰的行为和欲望。

⑥适应变化和承受挫折能力。若企业欲在竞争激烈、变幻莫测的市场中立足并蓬勃发展，那么创业者必须具备对变革的适应能力、灵活运用能力；在经营企业过程中，成败是很正常的事情。因此创业者还必须具备承受失败和挫折的能力，以及能够容忍局部和暂时的损失，从而获得全局和长期的收益的战略视野。

三、创业心理

在创业实践中，创业者的个性心理特征，包括创业动机、情感、兴趣、意志和人格，这些特征在人的能动性、独立性、坚韧性、自控性、适应性、合作性和道德感等方面得到了综合反映，对创业者的心理和行为起到一个调节的作用。创业者的心理因素可分为两个主要系统：一是认知心理机能系统，它表现出一个人智力水平，也被叫作智力因素（智商或 IQ）；二是非认知心理机能系统，指的是一种对自己情感产生认知、进行控制和调节的能力，被叫作非智力因素（即情商或EQ）。在人类创新创业活动的实践与心理学的实验结果表明，智商是个体成功的基石，然而，情商却是决定个体成功的核心所在。但获得情商需要通过大量的实践活动来积累。

大学生在进行创业实践活动时，需要具备五方面的心理锻炼：一是注重培养积极的创业心态、良好的行为表现、稳重严谨的工作作风和诚实可靠的行为准则，以此提升自身的心理素质；二是具备坚若磐石的意志和信念、强烈的兴趣和持久的热情；三者具备高度的社会责任感、不畏斗争的勇气以及勇于创新的品质；四是具备不屈不挠的毅力和不屈不挠的斗志，在面对挫折和失败时能够沉着冷静，面对困难和危机时毫不畏惧；五是具有高尚的品德和宽广的胸怀，善于与他人紧密合作，对自己要求严格，对他人充满奉献精神。总之，创业成功离不开良好的心理素质和健康的人格特征。那些在创业史上创造奇迹的人，多数都是通过长期的心理品质修炼，方能成就自己的伟大事业。

下面我们从强欲望、独立性、求异性、合作性、坚韧性和道德感六个方面来进一步观察和思考。

（一）强欲望

在这里，“欲”是指一种生活目标，是一种人生理想。欲望是推动创业成功的“火车头”。创业者的欲望与普通人欲望的不同之处在于，创业者的欲望需要打破眼前的樊笼才能够实现。由于这类人具有强烈的成就动机和追求卓越的愿望，因此，他们的欲望往往伴随着行动力和牺牲精神，这不是普通人能够做得到的。若干年前就流传一句话，说“三个上门推销商中，必定有一个是浙江人”。浙商吃苦精神强，敢于离土又离乡，经常一个人背着包出去创业。“用尽千方百计，吃尽千辛万苦，说尽千言万语，踏遍千山万水，换来千金万银”，这既是对浙商刻苦勤奋的写照，也折射了浙商强烈的创业欲望。

（二）独立性

著名的心理学家马斯洛认为：“有创造性的人是属于自我实现的人。”[①]一个能够实现自我的人具有极强的独立性，他会时时思考“我是谁？我能做什么？我的价值是什么？怎样去实现我的价值？”他敢于展现自我，实现自己的想法。和具有独立性相对的是具有依附性，这些人没有主宰自己命运的勇气，也缺乏自控能

① 赵春辉．中小公司管理实务[M]．呼和浩特：内蒙古人民出版社，2009：56.

力，一切都依靠别人，依靠别人去做决策，依附别人，听天由命。

从本质上讲，人一出生就具有独立性和依赖性双重个性。一方面，人一生下来，离开了温暖的母体，就需要自己去呼吸、去运动；另一方面，刚出生的婴儿又极其脆弱，极端依赖他人即自己的父母来呵护、喂养。创业成功的人是那些善于摆脱依赖性、努力实现自我独立性的人。比如中国改革开放之初，大多数人具有极强的依赖性，因为在当时的计划经济体制下，人不能拥有太多自己的个性，尤其是独立性。改革开放突破了僵化的框架，使每一个人的聪明才智都能发挥出来。但改革开放伊始，人们还都依赖于原先的生存方式，只有一些胆大的人敢于抛弃依赖性，丢掉“铁饭碗”开始创业。

（三）求异性

在本质上，企业经营的产品或服务都是为了满足人们的需要。世界上存在的每个人都是不同的，他们对生活的需求更是千差万别。创业者一定要善于独辟蹊径，无论是在产品生产上还是包装设计上，甚至营销方式等方面都应该从求异的角度出发，有所创新。在中国传统文化中，存在着求同存异的思想，这在解决企业思想分歧、处理人际关系方面，甚至在新产品开发方面有着重要作用。比如，在公司对某一问题确定决策前，组织专家学者或者公司不同部门、不同阶层的员工坐在一起，就同一问题进行激烈的讨论，以求思想的碰撞产生智慧的火花，这种头脑风暴法就是求同存异的最好例证。但是，任何一种方法都有其应用范围，在本公司与其他公司竞争时，一定要避免老生常谈，不要走求同的路子，而应着力求异。求异来源于人们不断增长的需要，是人不知足本性的反映。创业者具有极强的求异追求，是其积极进取、蓬勃向上的生命力的源泉。世界上万物都在变化，尤其在商界，事物变化的速度越来越快。喜新厌旧是人类的天性。人们不会因为一个产品质量好就长期使用，人们会因为新产品的出现而放弃旧产品。创业者在创业伊始要紧紧把握人们喜新厌旧的心理，在消除人们疑虑的同时大力宣传产品的时代感，使之能迅速满足人们求新的感觉。在公司发展到一定规模时，创业者千万不要裹足不前、故步自封，而是要大力求异，推出新产品。在公司经营管理方面，应当允许更多的人提出大胆新奇的想法，鼓励员工充分发挥各自的个性，不要把公司办成一个千人一面、死气沉沉的集体，而要让公司成为一个百花竞放、各展风姿的大花园。

（四）合作性

一撇一捺搭在一起组成个“人”字，“人”字的结构就是相互支撑。简单的笔画反映了一个深刻的道理：人离不开人，与人合作是人立足社会的前提。离开社会，个人就不能存在和发展，人的社会性需要只有通过人际关系才能获得满足。随着人类社会的发展，个人对社会的依赖越来越强，如果离开社会，不与他人交往与合作，人们的各种能力就像种子离开了土壤、阳光和水分一样，永远不能开花结果。因此，无论在什么样的社会，个人都离不开集体，人与人都需要协作，任何人的才能都只有在一定的群体和社会中才能充分显示出来。“一个好汉三个帮，一个篱笆三个桩”，在知识激增、分工细密的21世纪，更需要团结和协作精神。在如今这个时代，解决认识世界和改造世界过程中所遇到的日趋复杂的种种问题，仅仅依靠个人的努力是远远不够的，必须依靠群众的智慧和力量。人们只有相互帮助，相互促进，才能在各种活动中取得最佳效益。协作所产生的合力远远大于个体力量的简单之和，也就是“1+1 ＞ 2”的道理。在现代竞争社会中，个人如果没有处理社会关系的能力，不能与人融洽地协作，终将寸步难行，一事无成；群体内部如果不能很好地合作，甚至“窝里斗”，也必定会屡遭败绩。

（五）坚韧性

爱迪生是为人熟知的著名发明家，他曾说：“我的成功乃是从一路失败中取得的。”[①]这说明失败对于发明创造来说，是多么重要。尽管爱迪生尝试了近一千次电灯丝的发明，而每次都以失败告终，但他始终坚信每一次失败都是在证明这种做法是错误的，总有一次会找到正确的方法。其实在初创公司的过程中，创业者难免会遭遇挫折和失败，但千万不能因为失败就自暴自弃，更不能因一时的挫折而丧失斗志。创业者必须以坚韧不拔的意志和不屈不挠的毅力去克服困难，只有在这些挫折和失败的经历中，创业者才能保持前进的信心和勇气，不断总结经验教训，找到成功的方法，重新振作起来。因为每一家获得成功的企业，都是在创业者的引领下，历经无数次的挫折和失败后，最终崛起的。

（六）道德感

经济学不能只讲“看得见的手”，讲金钱，讲交易，讲价值规律；还要讲“看不见的手”，讲诚实，讲信誉，讲道德。道德，是信誉的思想基础。办企业，与

① 秦玉权，丁蕊．管理技能与应用[M]. 北京：北京理工大学出版社，2019：248.

其说是一种职业，还不如说是一种追求。在当今经济一体化不断深化的背景下，企业不但要将产品转化为商品，还要将人力资源、管理和文化等要素转换为商品，这样，企业所生产的不仅是产品，更是一种品牌形象、一种道德信仰和一种无形资产。因此，诚信成为每个企业家最基本也是最重要的素质。做人之本在于真诚，而立事之根则在于信守承诺。没有诚信，企业就无法生存和发展，社会也不会和谐。以诚实守信为准则，是对自我的净化和对自身人格的高度敬重，也是对他人展现出来的一种魅力与自信，而对于企业的发展，它是一种精神，更是一种无形的财富，同时也是一种有效提升管理价值的方式。

四、身体素质

身体素质包含身体健康、体力充沛、精神旺盛和思维灵敏。身体素质决定一个人从事各项活动时的速度和灵活性。面对着艰辛的创业之路，创业者不得不忍受着忙碌的工作、漫长的时间和巨大的压力，如果身体状况不佳，他们将难以胜任创业的重任。

第二节　创新创业动机的内涵与驱动因素

一、创新创业动机的分类与含义

创业者的创业动机因其学识、技能和背景的差异而呈现出明显的多样性。对于那些学识技能有限的创业者而言，他们更倾向于以维持生计和获得更高的财富回报为目标；那些拥有卓越学识和技能的创业者更倾向于抓住机遇，将创业视为一项充满挑战的任务，以期开创自己的事业。

创业动机归纳起来有以下几种类型。

①获取财富回报。无论何种形式的商业创业，其共同的出发点之一是获取财富回报。事实上，也正是对财富回报的追求，才鼓励一代代创业者冒险去挖掘商业机会，带动社会经济向上发展。

②追求自由的需要。很多人个性喜欢自主，不喜欢受别人约束和管理，追求时间的自由、财务的自由，因此选择了创业。

③自我价值实现的需要。一些拥有自主知识产权、客户资源或新创意的人，

为了追求自我理想和价值的实现，他们不惜付出大量的时间和精力，甚至选择离开原有企业，开始自己的创业生涯。

④在利伯维尔场体系和政府的支持下，一些社会问题和未得到满足的社会需求一直存在，而一些创业者则受到社会利益的欲望驱使，不断探索新的解决方案，不断追求自己的目标，以满足或解决社会问题。

创业到底是为什么？我们为什么要创业？

一是为了追求财富。创业最重要的是要有正确的态度和行动。在创业的道路上，很少有人会明确表示自己创业是为了获得财富和创造财富，但实际上，创业是追求财富的过程，这一点不容忽视。李嘉诚说过一句话：“创业，财富只是一个成绩单，你做好你的作业。”创业即为精益求精，而财富不过是一份微不足道的成绩单。然而，有哪位学子所完成的作业并非出于单纯的成绩单呢？

二是为了自我实现。自我实现是创业者最高境界的人生奋斗目标，你可以在一个企业里面做一辈子高管，也可以在任何一个机构里面追求你的兴趣爱好。在某种意义上，科研、写作本身就是一个创业，把某种东西从无到有做起来。

马斯洛的最高层面需求是自我实现，什么是自我实现？简单来说，就是你想做的事做成了。在财富中死去是可耻的，必须让这个钱对社会有用，这叫自我实现。通过创业，将一个小小的梦想一步步地实现，而且有人跟着你一起做，毫无疑问这是人生的最高境界。创业者最可怕的是设立一个不可能的目标，然后去追求。在创业当中要设立一个力所能及的目标，在做的时候要脚踏实地。

三是为追求自由。这是创业最伟大的东西。所谓创业，就是一个人创造企业，无论是一个人、两个人还是一万人、两万人的时候，你的世界里面你是最高的权威，你不听从于任何人，你做你的事，按照自己的意愿，按照团队的利益，按照社会的价值追求一种东西，这可以说是创业的最高境界，也是这个时代创业的一个重要的探索价值。

二、创新创业的驱动因素

创业者选择创业的动机受诸多直接和间接因素的影响。研究表明，创立企业的追求以及持续经营企业的意愿都和企业家的动机有着直接的关系。具体的目标、态度和背景都是决定企业家最终满足感的重要因素。创业者决定创业是几个因素共同作用的结果，包括创业者的个性特点、个人背景、相关的商业环境、个人目标和可行的商业创意。

在创业过程中，创业者会将创业的实际结果和先进的创业预期进行对比。未来是否持续创业行为需要根据这些对比结果来决定。当结果达到或超越期望时，创业行为便会得到积极强化，创业者会持续受到激励，坚持创业。这里的创业既指在现有企业的创业行为，也可指重新创办新的企业，这受制于现有的创业目标。当结果未能达到期望时，企业家的激励水平降低，并且会相应地影响其继续创业的决定。当然，这些感知还会影响随后的战略制定和公司的管理。

第三节　创新创业团队的组建

创业团队的组建是一个复杂的过程，不同的创业活动会形成不同的创业团队，组建创业团队的过程也会有所差异。创业者在组建一个具有向心力的创业团队时可以遵循一些通用的步骤。

一、创业团队的含义及作用

（一）创业团队的含义

1. 创业团队的概念

任何创业都离不开团队，成功创业离不开高效的工作团队，特别是具有广泛影响的大企业。团队是根本，单打独斗成不了气候。对企业团队的含义，不同的人有不同的看法。有的人认为，一群人经过创意构想阶段后，决定一起创设企业或者公司，这群人就是创业团队。还有的人认为，一个团队是由少数具有技能互补性的人所组成的，他们认同一个共同目标和一个能使他们彼此担负责任的程序。

一般来说，创业团队是指在企业成立的早期，由一群才能互补、责任共担、愿为共同的创业目标而奋斗的人所组成的特殊群体。这一群体能按规则办事，共享创业收益，是创业的合作伙伴。

2. 团队组成的要素

（1）目标

创业团队应该有一个既定的共同目标，为团队成员导航，知道要向何处去，没有目标的团队没有存在的价值。目标在创业企业的管理中以创业企业的愿景、战略的形式体现。

（2）人员

人是构成创业团队最核心的力量，在一个创业团队中，人力资源是所有创业资源中最活跃、最重要的资源。目标是通过人员来实现的，所以人员的选择是创业团队中非常重要的一个部分，在一个团队中可能需要有人出主意，有人制订计划，有人实施，有人协调不同的人一起工作，还有人去监督创业团队工作的进展、评价创业团队最终的贡献，不同的人通过分工来共同完成创业团队的目标。在人员选择方面，要考虑人员的能力、技能如何互补搭配，如何调动人员的积极性。

（3）定位

创业团队的定位包括以下两层意思。

①创业团队的定位：创业团队在企业中处于什么位置，由谁选择和决定团队的成员，创业团队最终应对谁负责，创业团队采取什么方式激励下属。

②个体（创业者）的定位：作为成员在创业团队中扮演什么角色，是制订计划还是具体实施或评估。

（4）权限

创业团队中领导人的权力大小与其团队的发展阶段和创业实体所在行业相关。一般来说，团队越成熟，领导者所拥有的权力相应越小，在创业团队发展的初级阶段领导权相对比较集中。

（5）计划

计划是指创业团队达成最终目标的行动方案和工作程序。只有在计划的操作下，创业团队才会一步步接近目标，从而实现最终目标。

（二）创业团队的作用

1. 提高识别机会的能力

创业团队可以充分利用成员的知识、经验和学历背景的组合，为团队创业机会的识别进行更加科学合理的决策，避免决策的失误。同时，团队也可以利用成员的社会联系，有效获得开发机会所需要的资源，增加机会开发成功的可能性。

2. 提高企业运作能力

将团队成员的技能和经验组织到一起可以充分发挥每个人的优势，能帮助团队应对如创新研究开发、市场营销、财务管理、质量管理、客户关系管理等多方面的挑战。

3. 有利于创造良好的心理环境

团队的良好氛围与业绩是相辅相成的，团队成员为了共同的目标而努力的过程中更容易达成相互信任、相互鼓励的氛围，这种良好的心理环境能够支持团队克服困难、创造更好的业绩。

二、创业团队的人员构成

（一）团队领导人

1. 含义

团队领导人是全面负责创业项目的领导，负责按照进度、预算和要求完成创业项目并具有完成工作的职权。团队领导人应当与创业团队紧密合作，确保执行创业项目所需要的资源能够及时到位。同时，项目领导人还要负责创业项目计划的编制，获取创业项目所需要的工具，建立创业项目工作的质量标准，保持团队成员的技术熟练度及生产力，保证创业项目在进度、预算及质量范围内顺利完成。

2. 配置标准

在创业公司里，通常会由创业项目发起人来承担团队领导人的角色，选择项目领导人可参考以下标准。

（1）创业理念

团队领导人承担着负责创业项目整体运行的责任，因此其本人对创业项目的认知水平、对未来企业发展走势的判断、对创业企业发展目标的把握都直接影响着企业的生存和发展。因此创业领导人不仅要对创业企业的核心技术、核心产品、核心服务有深入的了解，更要对企业的发展规律，对创业企业的发展目标有清晰深刻的认识。

（2）领导力

一个好的团队领导人要能够通过个人影响力赢得团队成员的信任和支持并提高团队成员的凝聚力。领导力可以包含学习力、决策力、组织力、教导力、执行力、感召力等方面的内容。

（3）人际关系

团队领导人既要能够与团队成员保持良好的沟通与合作关系，同时也要处理好与企业之外的包括供应商、销售商、政府、媒体、公众等众多利益相关体之间的关系。特别是当出现突发事件的时候，团队领导人要能够有能力进行危机公关活动。

（二）核心团队成员

1. 含义

核心团队成员负责执行创业项目的各项关键活动、协助团队领导人的工作并在创业项目预算及进度等约束条件下完成创业项目。核心团队成员主要负责创业项目的关键活动，他们具有的能力可以满足创业项目的广泛需求。

2. 配置标准

核心团队成员的选择是由团队领导人负责的。创业初期，核心团队成员可能在多个创业项目中交叉分配，因此团队领导人不可能把在各个专业方面最出色的成员挑选在一个团队里。因此，团队领导人在选择核心成员时，必须把团队的任务和活动进行适当分类，对于那些关键路径活动、高风险活动和高商业价值额创业项目要选择高技术或高水平的专业成员来负责；对于非关键活动的创业项目可以由相同专业的但经验和能力稍欠缺的成员负责；而对于那些非核心的活动和创业项目则可以考虑外包。

一般而言，核心团队成员的配置可以考虑的标准包括团队意识、责任感、工作能力和技能水平、心理素质等。

（三）普通团队成员

1. 含义

在创业团队中，承担非核心业务或技术的创业团队成员就是普通团队成员。有些成员在创业项目中的时间可能很短，他们掌握的技术只是在创业项目特定的时间内需要，他们适时地参与创业项目，一旦分派的任务完成就要离开团队。

2. 配置标准

普通团队成员对创业团队也具有积极的作用，团队领导人要考虑到这些成员的加入是否能够为团队带来有意义的帮助，否则，如果盲目扩大团队的规模则有可能为初创企业带来不必要的人力成本负担。因此在选择的时候应当考虑的内容包括技术或能力的匹配程度、工作时间的符合程度以及责任心等。

三、高效创业团队

（一）创业团队的概念

关于什么是创业团队，可以从狭义和广义两个层面来理解。狭义的创业团队是指有着共同目的、共享创业收益、共担创业风险的一群共同创建新企业的人；广义的创业团队不仅包括狭义的创业团队，还包括创业过程中的部分利益相关者（如风险投资商、律师、会计师及参与企业创建的专家顾问等）。在这里，我们更强调狭义层面的概念。

（二）创业团队的重要性

1. 知己知彼

有些创业者认为，绝大多数创业团队的核心成员很少，一般是三四个人，多的也不过十来个人。如此少的团队成员从企业管理角度来看，实在是“小儿科”，因为人数太少，几乎每个从事管理工作的人都觉得能够轻易驾驭。但实际上，创业团队成员虽少，但是他们都有自己的想法、自己的观点，特别是当团队中具备领导特质的人有两个或两个以上时，团队成员在内心会有不服管的情绪。因此，我们对创业团队中的每个成员都不能报以轻视的态度。一个优秀的创业团队的所有成员都应该相互熟悉，知根知底。《孙子兵法》中有云：“知己知彼，百战不殆。”在创业团队中，团队成员应非常清醒地认识到自身的优劣势，同时对其他成员的长处和短处也应一清二楚，这样就可以很好地避免团队成员之间因为相互不熟悉而造成的各种矛盾、纠纷，可迅速提高团队的向心力和凝聚力。同时，团队成员彼此熟悉有利于成员之间工作的合理分配，最大可能地发挥各自的优势。

现在，国内许多大学生选择创业，他们选择的合作伙伴也多是同学、朋友或校友，但很多创业团队还是很快就失败了。为什么呢？因为他们选择的合作伙伴虽然都是他们的“熟人”，但是这些“熟人”之间是缺乏交流、沟通的，说到底，团队成员还是相互陌生的。

2. 有能够胜任的带头人

在企业管理和市场营销领域会经常谈论领导者的核心竞争力。事实上，在创业团队中，带头人的作用更加重要。带头人正如在大海中航行的巨轮的舵手，指引着创业团队的方向。创业团队中必须有能够胜任的领导者，而这种领导者，并不是单单靠资金、技术、专利来决定的，也不是谁提出了什么好的点子谁就当头。

这种带头人是团队成员在多年同窗、共事过程中发自内心认可的，应该在创业团队中有巨大的、无形的影响力。许多创业团队在很短的时间内就消亡了，很重要的一个原因就是创业团队的带头人根本不是一个合格的领导者。而领导者的作用，就是“决定一切”。许多年轻人雄心勃勃，希望一步登天，他们敢于第一个吃“螃蟹”，但是他们不一定是能够胜任创业团队的带头人角色，他们最多只是起一种“先锋”示范作用。

3. 有正确的理念

要坚信组织能够健康发展下去，相信创业团队一定能够获得成功。不要一开始就想着失败，尤其不要让那些如“只能共苦，不能共甘”“天下没有不散的筵席”等说法支配自己的思想和行动，应该树立坚定的信念，要坚信团队的事业经过努力一定能成功。

（三）创业团队的类型

1. 星状创业团队

一般在星状创业团队中会有一个核心人物来充当领队的角色。这种团队在形成之前，一般是核心人物有了创业的想法，然后根据自己的设想进行创业团队的组织。因此，在团队形成之前，核心人物已经就团队的组成进行过仔细思考，根据自己的想法选择相应人员加入团队。这些加入创业团队的成员也许是核心人物以前熟悉的人，也有可能是不熟悉的人，但这些团队成员在企业中更多扮演的是支持者的角色。

这种创业团队有几个明显的特点。

①组织结构紧密，向心力强，核心人物在组织中的行为对其他个体影响巨大。

②决策程序相对简单，组织效率较高。

③容易形成权力过分集中的局面，从而使决策失误的风险加大。

④当其他团队成员和核心人物发生冲突时，因为核心人物的特殊权威，其他团队成员往往处于被动地位，在冲突较严重时，一般都会选择离开团队，因而对组织的影响较大。

2. 网状创业团队

这种创业团队的成员一般在创业之前都有密切的关系，比如同学、亲友、同事、朋友等。他们一般都是在交往过程中共同认可某一创业想法，并就创业达成了共识以后开始共同进行创业。在创业团队组成时，没有明确的核心人物，大家根据各自的特点自发进行组织角色定位。因此，在企业初创时期，各位成员基本上扮演的是协作者或者伙伴角色。

这种创业团队的特点如下。

①团队没有明显的核心，整体结构较为松散。

②组织决策时，一般采取集体决策的方式，通过大量的沟通和讨论达成一致意见，因此组织的决策效率相对较低。

③由于团队成员在团队中的地位相似，因此容易在组织中形成多头领导的局面。

④当团队成员之间发生冲突时，一般都采取平等协商、积极解决的态度消除冲突，团队成员不会轻易离开。但是一旦团队成员间的冲突升级而使某些团队成员撤出团队，就容易导致整个团队涣散。

3. 虚拟星状创业团队

这种创业团队是由网状创业团队演化而来的，基本上是前两种创业团队的中间形态，在团队中，有一个核心人物，但是该核心人物地位的确立是团队成员协商的结果，因此该人物从某种意义上说是整个团队的代言人，而不是主导型人物，其在团队中的行为必须充分考虑其他团队成员的意见，不如星状创业团队中的核心主导人物那样有权威。

（四）高效创业合作伙伴应具备的素质

1. 慈孝

一般来讲，一个懂得孝敬父母和关爱长辈的人通常是值得信赖的。

2. 果断

做事果断，敢于承担责任是一种优秀的品质。胆小怕事、做事瞻前顾后会成为你创业的障碍。

3. 诚信

我们常讲，做人、做事应以诚信为本。如果一个人连起码的诚信都没有，大家在做事时还相互防范，这样的合作是不可能进行下去的。

4. 成熟，有韧劲

有些人恨不得一天赚 100 万，一万年太久，只争朝夕，这样的朋友还是不合作为好。万事开头难，制订半年甚至一年不赚钱且能坚持下去的备用计划，这才是创业的王道。

5. 专注

很多人思想新潮、想法很多，但总是这山望着那山高。因此，在选择合作伙伴时应该选择做事专注、踏实之人。

6. 认真

做事不认真，敷衍了事，这是所有公司应摒弃的员工，这种人更不可能成为合作伙伴。

7. 现实

有些人思考问题和看问题眼高手低，初看感觉好像是具有雄才大略之人，实则只会纸上谈兵。既有远大理想，又能面对现实、脚踏实地的人，才是理想的合作伙伴。

8. 讲效率

这个社会快半步吃饱，慢半步逃跑。因此，和一个做事不讲效率的人合作，你的企业在当今社会是难以生存的。

9. 忠诚于角色

创业不是儿戏，如果不能精诚合作，大家根本没必要聚在一起。俗话说得好“家有千口，主事一人。”对于一个企业来讲，必须有一个核心，对于其他人而言，必须各安其位，各司其职。

10. 务实

有些人开张伊始，就要坐大班台、装修办公室，和这样的人合作，也许开张就是关门的前奏。创业初期还是先多想想怎么赚钱，而不是怎么花钱。

11. 不狂妄

“三人行，必有我师焉。”一个人无论多么聪明，如果没有一颗谦虚、谨慎、善于学习的心，终究难成大器。

（五）高效创业团队的优劣势分析

1. 创业团队的优势

（1）资源优势

创业团队中的每个成员都具有不同的知识结构、成长背景、经验积累、经济社会资源等，这些资源集合在一起要比单个创业者丰富得多，从而可以更有效地解决企业面临的问题，增加企业成功的可能性。创业团队也可以解决个人创业在时间、精力上的不足等问题，避免创业企业过分地依赖某一个人。

（2）创新优势

美国经济学家熊彼特于1912年出版的《经济发展理论》一书中提出的创新理论包括下列五种具体情况：①开发新产品，或者改良原有产品；②采用新的生产方法；③发现新的市场；④发现新的原料或半成品；⑤创建新的产业组织。不管是哪一种创新，团队更容易把多种资源优势、技能和知识糅合在一起，从而增加成功的可能性。团队内每一位成员具有不同的思维方式、信息获取渠道和机会评价标准，这也使创业团队比个体更有可能发现创新点，为企业赢得更多的商机。

（3）决策优势

一是团队成员之间合理分工，各负其责，能更有效地把握具体问题，加快决策的速度；二是发挥“三个臭皮匠，顶个诸葛亮”的力量，增加决策的科学性；三是通过任务分担为管理者腾出思考企业战略等问题的时间，为企业重大决策提供时间保证；四是避免因一个高管人员的变动而给企业带来致命性的打击，保证创业团队决策的连续性。

2. 团队创业的劣势

当然，与个人创业相比，团队创业也有其劣势，主要表现在：集体决策时由于共同商讨、统一意见等可能导致时间成本增加，拖延决策速度；人多就会有利益冲突，当创业团队成员之间不能很好地协调彼此的关系并达成有效共识时，就有可能导致分裂和团队的解散，这将给创业带来巨大的危机。

（六）高效创业团队的组建策略分析

1. 创业者自我评估

创业者首先要对自己有一个准确的评价和定位，只有在认清自我的基础上，才能有明确的目标和方向，才能知道自己需要什么样的创业伙伴。这就需要先了解自己要追求什么，自己拥有什么，自己欠缺什么，在此基础上才能知道自己需要什么。创业者进行自我评估，应该着重考虑以下几个方面。

（1）动机

思考“自己为什么要创建企业”“自己想要从创业中最终获得什么”“想要把企业做到何种程度”“自己打算为创建企业付出多少，得到多少？”只有了解了自己的各项动机后，才能有针对性地选择合作伙伴。否则，合作者之间的动机差异程度会给企业的发展带来隐患。

（2）知识

分析自己接受的教育水平、专业背景、工作经历、职业培训情况等，认识自己知道什么，不知道什么，熟悉什么，不熟悉什么，拥有哪些经验，缺乏哪些经验，找到自身与拟创企业之间的差距，才能知道自己需要什么样的合作伙伴。

（3）技能

拥有知识不一定就拥有相应的技能。针对要创建企业的行业特点，创业者一要了解自己目前掌握什么相关技术，将来能够掌握什么技术；二要了解自己的能力状况，自己有哪些管理经验，这些经验用在拟创企业中是否有效，自己擅长做什么，自己不擅长做什么。这样，才能有针对性地选择不同的技术型人才或管理型人才作为合作伙伴。

（4）特质

创业者需要认识“自己是个什么样的人，具有什么样的性格特征”，这是自我评估中最难的一项。因为往往最了解自己的人是自己，最不了解自己的人也是自己。人的性格特征具有多面性、复杂性和不确定性。人们一般都是从他人对自己的评价中了解自己，而他人的评价与自我的认知之间往往存在一定的差距，即使是自我认知也会在不同的时候发生变化。尽管如此，自己是个什么类型的人还是可以大概确定的，一些小的偏差可以在行为过程中加以修正。了解自己的个性特征需要从以下几个维度考量：事业心和进取精神、责任心、内外向性、友好性、情绪稳定性、面对问题时的态度和处理问题时惯用的方法等。

2．评估他人，选择合作伙伴

（1）相似性原则

心理研究发现，当其他人在不同方面与自己具有相似性时，人们会感到舒坦，而且也趋向于喜欢那些人。事实上，多数创业者确实会倾向于选择那些在背景、教育、经验上与他们相似的人组成团队。这样做的好处是容易彼此了解，可以更好地促进成员之间的沟通，并有助于形成良好的人际关系，成员之间容易达成一致意见。但是其缺点也非常明显，那就是他们在知识、技能、社会关系网络等资源的拥有上容易形成重叠，这不利于创业企业对资源的广泛需求与利用。因而一般主张在个人特征和动机方面考虑相似性。

（2）互补性原则

从人力资源管理的角度看，建立优势互补的团队是保持团队稳定的关键。组建团队时，要考虑成员之间在知识、技术、能力、经验、信息、思维方式、行事风格等方面的互补，尽量保证团队成员的异质性，为企业提供多样化的人力资源。这样做的好处在于有利于充分发挥个人资源优势，拓宽团队所掌握的资源，强化团队成员之间的合作，加强解决问题的进程，促进每一名团队成员的发展，形成强大的团队合力。一般主张在知识、技能和经验方面考虑互补性。

（3）共同价值观原则

共同的价值观是组建团队的一个基本准则。只有在价值认同上一致，团队才能有共同的目标和努力方向，才能形成统一的思路和理念。价值观决定着创业的性质和宗旨，决定着创业的目标和行为准则，也指导着团队成员如何工作和如何取得成功。这其实是在企业文化上的一种认同。当团队成员的个人追求与企业的追求一致时，也就是对企业文化的认可，这样个人就容易融入团队中，增强团队的凝聚力。如果团队成员缺乏共同理念，就很容易导致个人主义的竞争和角逐，甚至导致创业的失败。

创业者在组建创业团队时，不要只和那些背景、教育、经历状况和自己相似的人一起工作。尽管这样在许多方面做起来容易，并且令人愉快，但这不能提供新企业所需的丰富的人力资源基础。折中可行的办法是，在知识、技能和经验方面主要关注互补性，而在个人特征和价值观方面则考虑相似性。

当然，组建一支优秀的创业团队往往不是一蹴而就的，需要在创业过程中随着时间的推移和企业的发展而逐步完善。业已形成的创业团队也不是持久不变的，创业团队本身也会随着企业在不同发展阶段面临的不同任务和要求而进行调整和完善。因此，创业团队的组建本身就是一个动态的过程。

四、创业团队的组建

（一）组建创业团队的原则

1. 诚实守信

重承诺、守信用，是对创业团队最起码的道德要求，也是最基本的要求。创业合作伙伴将全面介入企业的经营管理，了解新创企业内部的所有情况，如果道德有问题，企业的资金、人员、关系等都可能遭受不必要的损失。此外，从经济学的角度来看，个人信用往往建立在一定的财产基础上，有财产便能承担责任，因此，资本匮乏的创业者寻找经济实力比较强的创业合作伙伴是可行的。

2. 取长补短

理想的合作者要求双方在能力、性格、资本上有较好的互补性。每个人都有自己的优势也有自己的不足，这是创业者要选择创业合作伙伴的重要原因。实现优势互补，合伙的各方都能真实感受到对方对于新创企业发展的重要作用，才会更加珍惜彼此的合作机会，再加上集体智慧的力量，创业成功的概率就要大得多。

3. 分工协作

创业团队必须有性格完全不同的人，最完美的组合是内外分明。例如，负责设计、生产的人（主内）和负责销售的人（主外）配合。创业者一般是比较偏向主外的人，他们往往不容易找到主内的合适人选，主要原因是不知道该找什么样的人来合伙。理想的人选是聪明又野心不大的人。如果主外的创业者选择既聪明又有活力的合作伙伴，那么这两位积极进取的创业者必定会争取控制权，会发生冲突和争执。在控制权的归属上，最合适的是主外的人拥有控制权。

4. 权责明晰

创业团队成员要以法律文本的形式确定一个清晰的利润分配方案，要把最基本的责、权、利界定清楚，尤其是股权、期权和分红权，此外还包括增资、扩股、融资、撤资、人事安排、解散等与团队成员利益紧密相关的事宜。其中，核心的条款是股权配置或投资比例问题。它不仅关系到各创业合作伙伴以后在企业中的地位、作用，还关系到创业合作伙伴的利益分配等实质性问题。因此，合作创业一定要做到账目清楚、手续齐全，签订好合作协议，把各方应尽的职责和应享的权益仔细确定下来。总之，宁可“先小人后君子”，也不要日后闹得“兄弟”反目成仇。对于所有账目的进出情况、合作实体的经营状况和损益情况，要定期在合作人之间进行公开，合作人之间的利益分配要严格按照合作协议中的规定办理；合作人私人使用合作实体财物的，要及时入账并在利益分配中予以扣除；等等。

此外，还值得一提的是，知心朋友并不等同于合适的创业合作伙伴。由于对社会事物的接触具有局限性，大学生创业者对创业合作者的选择往往会感情用事，比较容易单纯地把身边亲密的朋友等同于最理想的创业合作伙伴。当友情面对金钱的困惑、公司经营的压力时，不是都能经受得住考验的。默契的合作者有可能在长期的合作中成为知心朋友，但知心朋友并不一定都能成为最好的创业合作伙伴，因此在选择合作伙伴时，千万不能感情用事。

在其他知名企业中也能够看到相似的组合，如索尼公司的创始人井深大与盛田昭夫。因为一个人的精力和能力毕竟有限，在创业时期能否整合人才方面的资源显得尤为重要。

总之，创业者在选择与自己共事的合作伙伴和组建创业团队时，要倾向于选择那些背景、教育和经历都与自己更加相似的合作创业者。团队成员在价值观上的相似有利于志同道合，而在能力构成方面最好是优势互补。由于团队中广泛的知识、技术和经验对新企业有利，因此，在互补性而不是相似性的基础上选择合作创业者通常是一种更有利的策略。

5. 志同道合

创业团队一定要有碰撞后形成的一致的创业思路，成员要有共同的目标愿景，认同团队将要努力的方向，同时还要有自己的行动纲领和行为准则。创业者在组建创业团队时一定要和创业合作伙伴事先沟通，了解对方的创业目的和动机。企业新创时期是非常脆弱的，需要创业者之间紧密团结，形成坚强的堡垒才能抵御外界的压力，否则等企业经营到一定阶段时，可能由于创业合作伙伴的意见不统一而导致企业停滞不前，甚至导致企业解体，创业失败。

（二）组建创业团队的模式

一般而言，创业团队在创建时可采用的组织形式主要有个人独资企业、公司制企业、合伙制企业等形式，每种形式各有其特点。

1. 个人独资企业

（1）含义

个人独资企业是指依法在中国境内设立，由一个自然人投资，财产为投资个人所有，投资人以其个人财产对企业债务承担无限责任的经营实体。

（2）应具备的条件

按照我国的《中华人民共和国个人独资企业法》的规定，设立个人独资企业应具备如下条件：一是投资人为一个自然人；二是有合法的企业名称；三是有投资人申报的出资；四是有固定的生产经营场所和必要的生产经营条件；五是有必要的从业人员。

2. 公司制企业

（1）含义

公司制企业是一种以法人财产制度为核心，以科学规范的法人治理结构为基础，从事大规模生产经营活动，具有法人资格并依法设立的经济组织。

（2）特点

公司制具有两个主要特点。第一，公司就是法人。公司是一个法人团体，具有法人地位，具有与自然人相同的民事行为能力，这是现代公司制的根本特点。第二，公司实现了股东最终财产所有权与法人财产权的分离。

我国法定公司形式有两种，即有限责任公司和股份有限公司。

①有限责任公司的设立条件。根据《中华人民共和国公司法》规定，有限责任公司的设立需要符合的条件包括：有限责任公司由 50 个以下股东出资设立；注册资本的最低限额为人民币 3 万元；股东共同制定公司章程；有公司名称，建立符合有限责任公司要求的组织机构；有公司住所。

②股份有限公司的设立条件。根据《中华人民共和国公司法》规定，股份有限公司的设立需要符合的条件包括：应当有 2 人以上 200 人以下为发起人，其中须有半数以上的发起人在中国境内有住所；注册资本的最低限额为人民币 500 万元；股份发行、筹办事项符合法律规定；发起人制定公司章程，采用募集方式设立的经创立大会通过；有公司名称，建立符合股份有限公司要求的组织机构；有公司住所。

③创业企业采用公司制的优势。采用公司制一是能有效集中资金进行投资活动；二是以自有资本进行投资有利于控制风险；三是对于投资收益，公司可以根据自身发展做必要扣除和提留后再进行分配。

3. 合伙制企业

合伙制企业是指由两人以上按照协议投资，共同经营、共负盈亏的企业。合伙制企业财产由全体合伙人共有，共同经营，合伙人对企业债务承担连带无限清偿责任。

设立合伙制企业应符合的条件包括：有两个以上合伙人并且都依法承担无限责任；有书面合伙协议；有合伙人实际缴付的出资；有合伙企业的名称；有经营场所和从事合伙经营的必要条件。

（三）创业团队建设中容易出现的问题

1. 目标差异和价值观冲突

有些团队从表面上看，好像大家都在努力工作，但真正全身心投入者只有一到两个人，同时团队内又缺乏真正的沟通，那么该团队实际上并未形成统一的价值观，而若团队成员间目标不一致，那么造成的结果就是 1+1 ＜ 2 了。这种情况必定会导致创业团队的解散。

2. 成员搭配不当、职责不明导致团队混乱

在成功的创业团队中，团队成员必须根据自身专业技能承担至少一项职能工作并确保高效的执行力和对团队的贡献。就创业团队而言，一般应至少设置管理、财务、市场营销和技术 4 个角色并不断完善，最终达到团队组合的优化配置。但在实际操作中，有的创业团队在成员选择上往往存在偶然性和随意性，使创业团队对高素质专业性人才的需求得不到满足，影响企业经营管理。

3. 激励与利益分配制度不完善

这种情况在企业中是非常普遍的。如果在创业初期，由于无法准确衡量成员的作用和贡献并顾及成员之间的人际关系，则往往采用平均主义的分配方式，缺乏有针对性的激励措施，而这恰恰带来团队内部冲突、个人内心的冲突和人际关系冲突等问题，如果不能妥善加以解决，则常常导致团队关键成员的退出，进而影响创业团队目标的实现。

（四）创业团队组建的一般程序

尽管创业活动不尽相同，创业团队的组建也会有所差异，但是在差异中也存在着共性，概括起来创业团队的组建可以分为以下几个程序。

1. 明确创业目标

创业目标是开展创业活动的基础。在成立创业团队前，首先要明确创业的目标，这是整合创业团队的起点。创业者需要明确创业目标才能够决定创业团队的人员构成，才能够有进一步的创业计划。创业者在识别和综合评价多种创业机会的过程中，要制订出相应的创业总目标，进而决定寻找具体的人才来共同推进创业活动的进行。

2. 制订创业计划

在明确创业目标后就需要根据目标来制订相应的计划，这种计划可以分为总计划和多个子计划。创业者在制订创业计划的过程中要充分考虑到已具备的创业资源、自身的优劣势和下一步需要的资源。同时，一份较为完备的创业计划也有利于加深合作伙伴对创业活动预期的了解，吸引有意向的合作伙伴加入团队中来。在制订计划的过程中需要充分考虑到创业各个阶段的阶段性目标和影响因素，制订出相应的阶段性计划和阶段性任务。

3. 寻找符合条件的团队成员

在初步明确创业目标和制订创业计划后，创业者就可以根据创业的需要寻找

符合条件的团队成员组成创业团队。创业者可通过自己的社会网络来寻找能够形成优势互补的较为可靠的合作伙伴。在对寻找到的合作伙伴进行筛选的过程中还需要关注对方的思想素质，创业者不仅要从教育背景、工作经历、生活阅历等方面来考察合作伙伴的综合素质，更要考察合作伙伴的个人品德，关注合作伙伴的忠诚度和坦诚度。可以说，在一个创业团队中，团队成员间相互的知识结构越合理，创业成功的可能性也就越大。

4. 职权划分

在创业团队中进行职权的划分主要是依据预先的创业计划，根据创业的需要，对不同的团队成员进行相应的职责分工，确定每位团队成员所要承担的职责及其所能获得的或者享有的相应的权限。明确的职责分工能够保障团队内部的良性运行，保障各项工作有条不紊地进行，团队成员依据职权划分来各司其职，执行预先制订的创业计划。同时，在划分职权的过程中需要充分考虑团队成员的结构构成，职权的划分必须明确且具有一定的排他性，避免出现职权过重或职权空缺。此外，由于创业活动的复杂性和动态性，对于职权的划分不能是一成不变的，需要根据外部环境的变化和团队成员的流动来及时调整。

5. 建立团队制度体系

完整系统的团队制度体系为创业活动的顺利进行提供了必要支撑，严格把控制度体系有利于规范团队成员的个人行为，激励团队成员恪尽职守、各司其职。严格的团队制度体系也为克服在团队发展过程中可能出现的利益分歧提供了重要保障。

需要明确的是创业团队的组建并不是严格遵守以上的各个程序，很多的创业团队在组建的过程中并没有严格意义上的步骤划分。

（五）创业团队组建需要注意的基本问题

1. 团队成员的个人特点

团队成员的性格特征、心理品质、能力特征等会对团队的发展产生较大的影响。是否具有良好的职业素质和团队精神是团队成员选择中所要关注的重点，素质良好的团队成员有助于保障团队沿着共同的目标前进。学者研究证明，那些拥有创业心理特征的人员要比不具备创业心理特征的人员更具有实施创业目标的倾向。具有应对挑战和承受压力的身体和心理素质能够保障成员积极地投身到创业过程中来，而不会轻言放弃、退出创业团队。创业团队成员之间的角色互补有助于充分地发挥相互协作的作用，达到“1+1 > 2”的协同效应。

2. 合理的报酬体系

利益分配是创业过程中必然要面对的一个难题，建立在合理的利益分配基础之上的创业团队才能够有长远的发展和相对的稳定性。但是，需要明确的是，合理的利益分配并不意味着要在团队中搞平均主义。实践已经证明，绝对民主和完全平均的创业团队是不可能长久存在的。在团队的利益分配中需要关注的重点是团队成员的报酬分配，这种报酬分配不仅包含了团队成员工资、奖金、分红等金钱上的报酬，还应当包括团队创业自我发展、自我实现等个人层面更高的需要，这样才能提高团队的吸引力，减少团队成员的非正常流动。这种报酬体系在设计中要充分考虑团队运行中各种影响因素对成员收益的影响，及时减少或者预防因入不敷出而造成的团队成员的离开。同时，合理的报酬体系也有助于防止团队成员出现社会堕化，有利于提高团队成员的工作努力程度。

3. 创业团队成员的规模大小

创业团队组建的过程中需要关注团队成员的规模大小，实际上许多创业团队在组建之初的规模都相对较小。由于创业团队中的成员背景不尽相同，这种差异性会导致团队成员个体在看待同一问题上存在差异，进而导致团队在做出相应决策的过程中存在意见分歧，难以达成一致的意见。这些都会直接影响创业团队的沟通与合作，影响创业团队的效率，甚至出现决策失误。因此，创业团队的成员规模是在团队组建中需要关注的问题，创业者要将创业团队成员的人数控制在相对合理的范围之内。但是，对于究竟怎样的规模才是最优选择目前还没有统一的定论，可以肯定的是，创业者在创业之初不应当将创业团队的规模设置得过于庞大，团队成员人数要控制在相对合理的范围之内，创业者在可搜寻到的创业伙伴中要合理寻找最佳合作伙伴，将团队的人数尽量控制在较小的规模。

第四节　创新创业团队的管理

一、创业团队的管理技巧与策略

团队成功组建之后就是对团队的有效管理，对于一个新创企业而言，团队的有效管理至关重要，对创业目标的实现有着举足轻重的作用。对于创业团队的管理技巧可以重点关注以下几个方面：

团队的管理过程中要注重价值的创造，要引导全体成员为了共同的价值目标而努力。通过创设较为积极向上的团队氛围，使团队中的每位成员都能够以较高的创业热情投入创业活动中来，群策群力解决问题，提出最优决策方案并且共同努力付诸实践，明确自身在团队中的角色定位，主动承担起自身的责任。

团队在管理的过程中要发挥决策者的积极作用，提高团队的运转效率。决策者作为创业团队的核心人物，其能力的发挥将会直接影响到团队的向心力和稳定性，决策者不仅是团队的领导人物，更是团队的支柱和灵魂。对于决策者而言，要充分地整合团队的各种力量与资源，在团队中营造一种良好的创业氛围，引导团队成员之间相互尊重和相互信任，提高团队成员的沟通能力，进而提升团队的凝聚力。另外，团队的决策者要不断激励团队成员的积极性，善于通过多种激励方式激发团队成员的创造性。同时，团队的决策者，要充分做到以大局为重，要将团队的利益置于个人利益之上，做到同团队其他成员共同承担团队的责任。

团队在管理的过程中要充分重视团队成员的绩效考核，激发团队成员的工作积极性。所谓绩效，简单而言就是组织所期望的结果，是组织实现自身目标或任务在不同层面表现出的有效输出。在创业团队中，对创业团队成员进行绩效考核的目的就是按照预先制定的考核标准来衡量团队成员是否完成了自身承担的工作，敦促团队成员将自己的责权利同团队的目标计划相匹配，同时这种绩效的考核也为团队成员的利益分配提供了基本的参考，有助于团队成员明确自己的报酬。

此外，团队还需要建立必要的退出机制。在团队管理的过程中，创业团队的领导者要充分考虑部分团队成员的中途退出，要为团队成员的流动做好充分的预案。建立起必要的退出机制有利于保障团队成员更好地为实现目标而努力，保障团队的长久发展，确保团队不会因为某一成员的离开而受到过大的影响。许多创业团队在创业初期团队成员都能够共患难，共同解决可能出现的问题，但是在团队发展到一定阶段后就会出于各种原因而分崩离析，这就是所谓的“只能共患难，不能同分享”，团队成员的突然退出会给团队造成巨大的损失。

二、创业团队的冲突管理

创业团队内部冲突是团队发展到一定阶段必然会产生的问题，是团队内部在发展中出现的某些关系不协调的结果。团队中出现的冲突需要及时地化解，以保障团队的有效管理。目前，多数学者将团队的冲突分为认知冲突和情感冲突，针对不同冲突的特点，在管理团队的过程中需要进行有针对性的预防和解决。

（一）认知冲突

认知冲突可以简单地理解为团队成员在创业过程中出现的对某一问题的不同意见、看法和观点。从本质上而言，这种冲突是团队成员意见上的分歧，对事不对人，属于团队发展中的正常情况，是在团队发展中不可避免会出现的一种冲突类型。当团队成员在分析和协调团队中的不同意见和看法时这种认知冲突就会出现，但是这种冲突并不只会对团队的发展产生负面影响，正好相反，学者经过实证研究发现，团队的认知冲突有助于改善团队的决策质量，提高团队绩效。也就是说，这种认知冲突是有益的，能够激发团队成员的创造性。

创业者如果能够合理地利用这种认知冲突，在某种程度上将能及时地发现并解决出现的问题，增强团队成员提出问题、思考问题和解决问题的能力，在冲突的过程中有助于增强团队的智慧，激发思维的火花，进而也能够促进团队成员之间的相互学习和创新思维能力的培养，同时认知冲突中产生的创业决策也能够被更多的团队成员所理解和接受，这对团队的整体发展有着重要的推动作用。

（二）情感冲突

创业团队的冲突有时也是有害的，情感冲突就是其中的一种。情感冲突也被称为关系冲突，主要是指在创业过程中团队成员之间出现的对立和纠纷，表现为一种情感上的对立或者宣泄。相对于认知冲突而言，情感冲突带有明显的感性色彩，是认人不认事，会直接伤害成员之间的感情，也会直接影响成员之间的相互信任。已有实证研究证明，情感冲突会削弱团队的生产力，影响团队成员的满意度。

有学者认为情感冲突是由认知冲突演化而来的，当团队成员之间的意见无法达成一致，认知冲突不断升级之后就有可能演化成为情感冲突。情感冲突的产生与团队成员之间不同的人格特点、性格特征、学历背景和工作经验有着密切的联系，面对同一情景不同的成员会有不同的反应，形成不同的看法，当遇到的矛盾不断升级就有可能出现情感冲突。情感冲突会直接影响团队成员之间的正常沟通，会使成员产生矛盾、紧张、激动、抵触等心理，久而久之会伤害成员间的感情，降低团队成员的满意度和归属感，削弱成员对于创业目标的追求，进而影响团队绩效。创业者在面对情感冲突时，需要增强相互之间的理解与沟通，注重沟通的技巧，有意地疏导团队成员的不满，减轻成员的心理压力，搭建相互交流的平台。创业者在团队管理的过程中要着重培养团队成员的大局意识、集体意识和合作意识，构建良好的团队人文环境，降低团队成员间的人际关系消耗，对有可能导致情感冲突的因素要加以控制，增强团队活力，有效地减少破坏性的冲突，进而提高团队的整体绩效。

现代冲突观普遍认为，团队的冲突并不仅仅带来负面影响，也会对团队的发展产生积极的作用。合理的团队冲突有利于帮助团队成员反思当前团队发展和团队决策中的欠缺与不足之处，进而寻找有价值的解决办法，并能在不断的反思中融入他人的想法，进而提升自身。在冲突的管理中，团队的领导者要适时地区分冲突的动因，找准团队冲突的根本原因，要着重引导团队成员将冲突控制在可控的范围之内，防止激化成团队成员之间的矛盾。

三、创业领导者的角色和行为策略

领导日益成为企业生存与发展的重要因素，尤其对于创业企业来说，创业领导者往往扮演着重要的角色，成为整个创业团队的核心和灵魂人物。

（一）战略领导者

战略领导者要在宏观方面对企业的发展制定目标、确定方向，努力构思对未来的设想，并为实现设想制定战略。在必要的时候，还要调整方向，进行战略变革。为此，战略领导者要使其他人能理解改革设想和战略，并认为进行改革是正确的，从而争取人们的支持，鼓舞大家共同进行战略变革。在某种意义上，员工是否能自愿投入战略行动中来，是判断一个战略能否成功的试金石。创业是一个动态的持续的过程，当一个目标得以实现时，战略领导者要能够进行新的战略思考，确立一个新的目标，并使之成为人们共同的愿景，联合团队成员朝此方向不懈努力，相当于重新创业。所以说，战略领导者有三项主要任务，分别是确定战略方向、联合群众、促动和激励他人。领导行为侧重于通过联合群众使其形成整体，并且全身心地投入去实现确定的目标。

（二）队伍领导者

好的队伍领导者是聚拢人才的吸铁石。在创业初期，领导者的人格魅力有时比制度文化更为有效。队伍领导者首先要建立精英团队，这就要求确定企业的精神或企业的信仰，确定企业的核心价值观，然后通过它来吸引志同道合的合作者。此外，要维系团队的稳定，要让团队每个人找准自己的位置，明确自己的角色，形成对等的责、权、利。另外要成为团队力量的协调者和综合者，要善于用人，对人要宽容，要让每个人都能畅所欲言，满足他们基本的但又常常得不到满足的需求，调动和激发人们的积极性，激励他们劲儿往一处使，培养他们的团队精神。

四、创业团队的社会责任

现代商业企业的最终目的是盈利。但是，金钱不能成为企业是否成功的唯一衡量标准和价值诉求。如何平衡企业盈利和回报社会之间的关系，是企业必须正视的问题。一般观点认为，当企业刚起步的时候需要千方百计地谋求发展，企业做大之后要担负更多的社会责任。这主要是指企业做大后，可以拿出一部分利润进行社会援助和慈善事业。

对于初始创业而言，也可以把盈利和社会责任有机地统一起来，这就是其提供的产品和服务在盈利的同时可以试图与一个急需被解决的社会问题联系起来。如何找到这个契合点，需要创业团队具有社会责任感。只有具备较强的社会责任感的创业团队，才会关心国家、社会和集体的前途，关心环境，关爱他人。培养创业团队中各个成员的社会责任感，还可以在创业团队内部形成一个负责的团队，对外塑造创业团队的良好形象，这也正是创业团队走上良性循环发展道路的基础。

第四章　创业机会

本章介绍的是创业机会，主要包括五方面内容，依次是创意与创业机会的关联、创业机会的来源、创业机会的识别、创业机会的评价、创业机会的选择。

第一节　创意与创业机会的关联

一、机会概述

（一）机会的含义

通常情况下，机会指的是某一事物在经历发展变化过程后，由于其他事物的发生或变化而产生的一种可能性，这种可能性可以改变该事物的形态和发展方向。它既可能是自然的存在，又可能是人为的创造。人类的主观努力和参与是创造或推动这种可能性的因素，而这种可能性也必须通过人为的努力才能成为现实。机会是客观存在的，它既可以是一种客观现象，又可能是一个主体行为的结果。机会的出现，往往是多种因素相互作用的结果。除了机会的出现，还需要人为创造条件以促使其出现，这是一种常见的做法。若无人为参与和推动，事物的发展必将趋向于某一特定方向，也就是说，事物将会按照某种趋势进行发展，这与机会是完全不同的。就含义而言，机会指的是行事时机和机遇，具备实效性特征和条件性特征。

（二）市场机会

市场机遇指的是那些在市场中还未得到充分满足的需求。至今为止，无论是国内的经济学领域，还是国外的经济学领域，都已经对其进行了相当深刻的研究。按照相关研究理论，这种基于需求而存在的机会包括环境和企业、潜在和现实、行业和边缘、目前和未来、全局和局部等多种类型。此外，国内外相关研究人员还就寻找市场机会、识别市场机会与评价市场机会等方面提供了一些切实有效的办法。

二、创业机会概述

（一）创业机会的概念与特征

创业机会指的是在特定的市场经济背景下，以社会经济活动为基础所促成的能够对企业经营成功发挥正面作用的因素，主要具备这几种特征：

1. 普遍性

市场、经营存在的地方，也就是创业机会存在的地方，因为创业机会在各种经营活动中普遍存在。

2. 偶然性

发现并精准把控创业机会是具有强烈偶然性的，因为产生创业机会的时候，意外也往往会出现。

3. 消逝性

一定的时空条件是创业机会存在的基础，当客观环境发生变化时，创业机会很有可能消逝。

（二）创业机会的分类

1. 按创业机会的来源分

以来源为划分标准，创业机会包括问题型、趋势型、组合型三种类型。

①问题型机会，指的是在现实生活中未得到妥善解决的问题所带来的一种创业机遇。问题型机会具有一定的偶然性与不确定性。在人们的日常生活和企业实践中，问题型机会是一种广泛存在的现象，其重要性不言而喻。在创业过程中，由于问题而导致创业失败的现象时有发生。诸如顾客的不满、大量的退货、无法获得符合心意的商品以及服务质量欠佳等问题，都是我们所面临的挑战。这些问题都可以看作一个潜在的机会，需要创业者去发现和创造。在解决这些问题的过程中，我们需要深入挖掘那些具有潜在价值的创业机遇，无论是大是小，都需要我们用心去挖掘。

②趋势型机会，指的是基于变化明确未来发展方向，并可用于对未来潜力、

未来机会进行预测的机会。通常情况下，趋势型机会往往存在于时代变迁、重要领域变革的阶段。能够及早地发现并把握这种机会的人，就有可能成为未来趋势的先行者和领导者。

③组合型机会，指的是组合技术、产品、服务等现有因素中的任意两项或两项以上，能够被用于探索新用途、发挥更多价值的创业机会。

2. 按目的－手段关系的明确程度分

创业机会可根据其目的与手段之间的明确程度分为三类，即识别型机会（目的与手段之间的明确关系）、发现型机会（目的与手段之间存在一方不明确关系）以及创造型机会（目的与手段之间的不明确关系）。

①识别型机会，指的是市场中的目的－手段关系呈现出非常明确的特征，创业者可以借此对机会进行辨识。例如，当商品供求之间出现矛盾或冲突，不能有效地满足需求时，就会出现大量的创业机会。常见的问题型机会大多属于此类型。

②发现型机会，指的是未知目标或手段的一方，等待着创业者去探索机遇。这种情况下，创业者有时会在寻找新的目标时感到茫然。举例而言，当一项技术已经被研发出来，但其商业化产品尚未问世时，需要创业者通过不断的尝试和探索，以寻求市场机遇。

③创造型机会，指的是在手段、目的均不明确的情况下，创业者只有具备先见之明，才能比别人更早地创造出有市场价值的机会。在目的和手段都不明确的情况下，创业者想要建立起连接关系的难度非常高。但这种机会通常可以创造出新的目的－手段关系，这将为创业者带来巨大的利润。

就商业的实践过程而言，这三种类型的创业机遇有可能同时存在于同一时期。通常情况下，市场上的识别型机会往往处于供需不平衡的状态，创新程度不高，因此无须进行烦琐的鉴别过程，只需拥有充足的资源，即可快速打入市场并获得利润。创业机会的把握是一项极具挑战性的任务，因为它对新的手段关系十分依赖，而创业者所拥有的专业技术、信息量和资源规模往往都十分有限，因此他们不仅需要具备整合创造性资源、敏锐洞察市场发展及公司状况的能力，同时还需要面临巨大的风险。在这些情况下，发现型机会就成为创业者最容易遇到且最具挑战性的一种机会。发现型机会是最为普遍的研究对象，也是大多数创业者关注的焦点。

三、创意、创新与创业机会

从广义上讲，任何时候社会都存在创业机会。但对个人来讲，由于所处的环境、个人具备的条件不同，创业机会也就不同。机会对每一个人都是均等的，关键是如何识别、抓住和把握机会。

（一）创意的产生是机会识别的源头

在创意产生之前，机会的存在与否意义并不大。创业机会并非仅限于创意本身，实际上，它是创意的一个分支，具有更深层次的内涵。创意可以成为一种产品或服务，但并不是所有的产品都是由创意转化而来的。将创意转化为具有良好市场前景的机遇，是一项极具挑战性的任务，因为创意只是创业过程中的一种工具。只有在市场需求得到满足的情况下，新颖、独特的创意才有可能在市场上获得认可。一项出色的创意并不一定可以与一个优秀的市场机遇画等号。即使机会的源头通常来自创意，它能够满足创意的多种特征，例如来源广、创新性强以及未来发展不稳定等，但机会所具备的一个重要特征是能够满足客户的某些需求，并具有市场价值，这是大多数创意所无法比拟的。商业机会之所以具备价值，是因为它能够从众多创意中脱颖而出，这是创意和机会之间最为显著的区别，也是创业者所关注的核心问题。因此，在众多具有创新性的想法中寻找值得关注的机遇，是创业者在选择创业道路和实施创业战略时的首要任务。

在与北京大学的学生合作的过程中，位于中关村的一家经销商研发出了一款能够在无光环境下发出荧光的键盘，使计算机用户无须开启灯光即可轻松识别键盘上的各个按键。换句话说，这款键盘能帮助人们在黑暗中像在白天一样正常地工作和学习。尽管这一构想颇具创意，然而显而易见的是，这类键盘的成本必定高于普通键盘，而绝大多数的计算机用户能够基本实现盲打，因此市场需求并不十分旺盛，而该产品也一直未能实现预期销售目标。

创业机会是具有商业价值的创意，表现为特定的组合关系。创业者若能敏锐地捕捉到创业机会，并将其转化为清晰的商业概念，那么就意味着他已经识别出了机遇；然而，这些商业概念是否值得被投入资源开发，以及它们是否能够成为有价值的创业机会，则需要创业者进行深入的论证。

商业机会往往出现在特定的商业环境中，企业可以以其为基础，发现机会、分析机会、选择机会、利用机会，进而帮助企业获取市场利润、市场价值。创业机会属于商业机会的范畴，是一种特殊的商业机会。根据价值创造流程的目的－

手段关系，商业机会代表着目的－手段关系的任何局部或全盘变化，而创业机会则是对目的－手段关系的全盘甚至是颠覆性的改变。创业机会和商业机会之间往往相互依存，前者能够为企业带来十分可观的经济利润，也能够孕育一般商业机会；后者则致力于提升企业现有的利润水平。

（二）创新与创业机会

1. 创新是创业的动力和源泉

作为创业的动力之源，创新也是创业的精髓。以创新为引领，拓宽商业视野，开拓商机，整合各种独特资源，有效促进企业成长，这是创业的必由之路。在创业过程中，创新能力是至关重要的，创业者需要具备持续不断的创新精神和创新意识，以及活跃、独特、科学的思维方式，这样才能孕育出极具创意的方案，从而不断探索新的方法、思路、模式和出路，最终实现创业成功。

2. 创新的价值常常体现于创业

创新的价值表现为将那些潜藏的技术、知识、市场机遇转化为实际的生产力，从而推动社会财富的增长，为人类社会带来福祉。创业是企业发展的原动力，是经济增长方式转变的关键。经由创业的方式，将创新成果商业化和产业化，能够使其转化为实实在在的社会财富，从而实现创新价值最大化。需要注意的是，在经济全球化时代，创业是促进科技成果向现实生产力转变的有效途径之一。创业者必须培养出敏锐的商业洞察力和勇于冒险的品质，同时，科技创新成果也必须通过创业者的市场推广，将其潜在的价值转化为市场化的形式，从而实现创新成果向实际生产力的转化。

第二节　创业机会的来源

一、技术变革方面

①新技术替代旧技术，如数码摄影等。

②新技术代替旧技术，并创造新功能、新产品，如互联网技术等。

③新技术带来的新问题：新技术有利有弊，如何消除弊端，并使之商业化？例如，互联网上有不良信息传播，因此出现了网络信息过滤软件等；手机、电脑有辐射伤害，因此市场出现了防辐射衣服等相关产品。

二、政府政策变化方面

①对某些行业进入限制条件的放宽、监管政策的放松，如民用航空、资源开采、民办教育、保险、金融等行业。

②政策导向的变化，如价格双轨制、国有企业改制、节能减排、计划生育（育儿培训）、住房制度改革、资格证书制度（培训市场）等。

三、社会和人口因素变化方面

①妇女解放：家政、洗衣、美容、健身。

②寿命延长：养老中心、老年人用品市场。

③饮食文化：素食产品产业、有机动植物培育产业、健康养生产品等。

④社会发展的新要求：高端产品、留学热、私人订制等。

四、市场需求条件方面

①市场出现了与经济发展阶段相关的新需求，如农村经济发展带来了家电、农用机械的畅销，居民可支配收入增长使得少儿特长教育、留学服务、旅游成为热门消费。

②当期市场供给缺陷产生的新的商业机会，如供不应求的小市场机会。

③先进国家、地区产业转移带来的市场机会，如将先进国家、地区环保、劳动力成本高和竞争压力大的产业引入落后国家、地区。

④从中外差距中寻找隐含的商机，如保险、税务代理、管理咨询、个人理财顾问等。

第三节　创业机会的识别

一、发现创业机会

实现投资创业的前提是能够抓住更好的创业机会，并对每个创业机会进行把握，抓住创业机会就等于完成了一半的创业工作。创业者可以通过以下几方面发现创业机会。

（一）变化就是机会

随着环境的演变，各行各业都将迎来前所未有的发展机遇，人们可从这些变革出发，发掘发展前景。这里所说的变化有产业结构、科技水平、经济信息水平、服务、生活状况、价值观、人口结构等方面的变化。

（二）从“低科技”中把握机会

随着科技的不断进步，高科技领域的拓展已成为当前备受关注的议题，然而，在低科技领域，如运输、金融、保健、饮食和流通等领域，同样存在着机会，而这些机会的关键在于创业者的不断开拓。

（三）集中盯住某些顾客的需要就会发现机会

创业者要清楚一点，那就是机会并不全都出现在顾客身上，不同顾客的共同需要是十分明显的，创业者在这方面很难进行实质突破。

每个人的需求都是独一无二的，如果我们经常关注某些人的日常生活和日常工作，我们就会发现其中蕴含着许多机会。这些机会往往与他们的兴趣、爱好有关。因此，在寻找机会时，创业者应该善于对客户进行细分，深入研究各类人员的需求和特点。

（四）追求“负面”就会找到机会

追求“负面”，指的是聚焦于那些令人烦恼的事情和令人困扰的事情，以期获得更好的效果。由于困扰和苦恼的存在，人们总是希望找到解决之道；反过来讲，如果能够提供解决方案，那么就意味着找到了机会。

二、选择创业机会的原则

在对创业项目进行选择时，创业者需要秉持以下四个原则。

（一）市场原则

以解决市场需求为目标，大力发展需求高、发展前景好的项目或产业。

（二）效益原则

要求投资项目的投入产出比要高，且相应的投资回报率也要合理。

（三）符合国家产业政策原则

加大发展国家产业政策扶持的项目和产业的力度，收拢与国家政策相悖的项目的投入资金。

（四）充分利用当地资源优势和业主自身优势原则

选择自身熟知且能展现当地资源优势的项目，不受社会经济热点干扰，从而有效防止决策失误、资源浪费的现象发生。

三、把握创业机会

创业者一方面要善于发掘机会，另一方面要把握机会，并果断采取行动，将机会转变为现实成果。

（一）着眼于问题把握机会

获得机会并不是一件轻而易举的事情，因为许多成功的企业都是从解决问题开始的，这需要付出相应的代价。问题在于现实与理想之间存在着一道难以逾越的鸿沟。在市场经济中，消费者是一个永远不会被满足的主体。在满足顾客需求之前，我们必须先解决企业当下的问题，只有这样，创业者才能抓住市场机遇，实现真正的成功。

（二）跟踪技术创新把握机会

技术创新是新兴产业形成和发展的不可或缺的推动力，这一点在世界产业发展的历史中得到了充分的证明。产业的转型和产品的更新换代，不仅能满足消费者的需求，也能为创业者提供宝贵的机遇。

（三）在市场夹缝中把握机会

创业者需要具备发掘顾客特殊需求的能力，认真分析顾客的个性特征与需求规律，以发掘潜藏其中的市场商机。

（四）利用变化把握机会

随着市场环境的不断变化，创业机会也在不断涌现，其中潜藏着无限的商机和发展空间。在市场经济条件下，企业经营管理过程中的任何一个环节都要以市场需求为导向，而每一种需求又总是由一定的环境因素所决定。随着环境的演变，各个企业都将面临产业结构整合、消费结构整改、思想观念更新、政府政策的调整以及居民收入水平上升等一系列挑战。透过这些变迁，企业将会探寻到全新的市场机会。

（五）捕捉政策变化把握机会

国家、政府的相关政策能够在很大程度上影响市场走向，新政策往往会为企业带来新机遇，这就要求创业者要具备敏锐的机会嗅觉，紧跟政策变化趋势，把握机会。

（六）弥补对手缺陷把握机会

有时，创业机会源于竞争对手的疏忽失误，然而，如果能够及时发现竞争对手策略中的漏洞并加以改进，或者能够以更快、更可靠、更经济的方式提供产品或服务，创业者就有可能找到机会。

第四节　创业机会的评价

一、定性方法

评估内容：通过前期调研分析，确定该创业机会所必须具备的成功条件；分析本企业在该创业机会上所拥有的优势；公司创立之后所拥有的竞争优势；分析与本公司的发展方向和目标是否一致。

二、定量方法

评估内容：在初步拟定营销规划的基础上，从财务上进一步判断选定的机会是否符合创业目标，一般通过量、本、利进行分析。

（一）市场需求量预测

在预测市场需求量后，我们可以深入了解不同机会所处的市场环境以及其潜在的市场价值，从而展开经济效益分析。为了预测市场需求量，我们可以采用多种数学方法，如因果预测分析法、趋势预测法、市场调查分析法和判断分析法等，这些方法可以帮助我们更好地了解市场的变化和趋势。

（二）运行成本分析

对利用该机会所需的资金和人力成本进行运行成本分析，需要综合考量投资成本、生产成本和营销成本等，创业者可以运用如趋势越策法、直线回归法等专业预测方法。

（三）项目利润分析

以市场需求量、市场需求成本预测为基础核算利润时，损益平衡模型方法、简单市场营销组合方法、投资收益率方法都是不错的选择。

三、阶段性决策方法

在创业机会的开发过程中，按照阶段性决策方法的要求，创业者需要评估每一阶段的机会，以确保创业的成功。在努力清除各个阶段的发展障碍时，创业者所面临的限制和约束，如目标回报率、风险偏好、金融资源、个人责任心和个人目标等，在很大程度上决定了创业机会是否能够顺利实现。

第五节　创业机会的选择

一、筛选出较好的创业机会

通常情况下，具有较高创业潜力的机会通常具有五个显著特征：第一，在未来市场中，前五年的市场需求稳健而迅速增长；第二，创业者能够获取所需的关键资源，以充分利用这一机会；第三，在存在明确的目标和清晰的发展方向的情况下，创业者能够不拘泥于一成不变的“刚性创业路径”，而是可以通过调整“技术路径”的方式，在创业过程中获得新的发展机会；第四，创业者或许能够开创新的市场需求，并为企业注入新的活力和动力；第五，在商业领域中，存在着一系列特定机会所带来的风险，这些风险是显而易见的，创业者要有能力承受一定的风险。

二、筛选出利己的创业机会

对于那些有机会创业的人而言，他们需要考虑以下几个问题：首先，他们是否能够获取那些他们所缺乏但被他人所掌控的资源；其次，在面对竞争时，他们是否具备足够的实力和能力来与之匹敌；再次，在当前的市场环境下，他们是否能挖掘出潜在的市场机会，为企业带来新的增长和发展；最后，他们是否具备足够的承受能力，以承担机会对应的风险。

第五章　创业资源

创业资源是指在创业过程中可以利用的各种资源，创业就是创业者把创业资源进行优化整合的过程。本章介绍的是创业资源，主要包括三方面内容，分别是创业资源概述、创业资源的获取与管理、创业资源的整合。

第一节　创业资源概述

创业资源是创业过程中的关键要素，对其基本理论知识进行相关阐述至关重要。在建立足够良好的创业盈利模式前，创业者需要对创业资源进行合理开发，并通过多种渠道获取创业资源，从而正确把握创业的风险性。

一、创业资源的相关概述

（一）资源及创业资源的界定

创业的前提条件之一就是创业者要拥有一定的资源，创业者不可能做到真正意义上的“白手起家”，创业资源已成为创业的关键性要素。企业作为众多异质性资源的组合，需要通过资源向社会提供产品或服务，从而实现自己的目标。可以说，“资源”是准确把握“创业资源”的基石，对“资源”进行准确而深入的界定有其必要性。

“资源”的基本含义是“物资、动力的天然来源”。《辞海》对“资源”一词有类似的解释，“资财的来源，一般指天然的财源”，即生产资料和生活资料的天然来源，也就是维持人们进行生产经济活动的有用之物。从经济学的角度看，资源是有用的或者有价值的要素集合，包含自然资源、人力资源、资本资源和信息资源四个大类，其中，人力资源作为第一资源，在所有资源中最为宝贵。就实质而言，资源是生产要素的代名词，资源不仅是财富创造的源泉，也是为人类谋多种福利的源泉。从管理学角度来看，资源既包括有形资源，如机器、设备、仪器等，也包括无形资源，如品牌、专利、荣誉等。因此，资源可以理解为在一定的历史条件下，能够在人类开展的社会活动中，为人类提供有价值的要素的集合。

国内外学者从不同角度对“创业资源”进行了研究。总的来说，资源就是供人们从事生产和经济活动的有用之物，是在创造价值的过程中所需要的特定资产，也是新创企业创立和运营的必要条件，包括有形与无形的资产，具体表现为创业人才、创业资本、创业机会、创业技术和创业管理等。从广义上看，创业资源是支持创业者进行创业活动的一切东西，包括物质性的有形资源，也包括一些意识层面的无形资源，它是支持创业者进行创业活动的一切资源。从狭义上看，创业资源是创业者顺利地进行创业活动的关键资源，是企业建立良性赢利模式的关键资源与能力。成功的企业能够以企业自身的特性为基础，构建对企业自身适应性高的发展模式，寻找企业的最优创业资源。概括来说，创业资源就是创业者在创业发展及成长过程中运用的所有资源的总称，是能够支撑创业者进行创业活动的生产要素的总和。

（二）创业资源的分类

创新资源分为有形资源和无形资源两类，其中，有形资源涵盖财务、物质、人力等方面的资源；无形资源涵盖技术资源、社会资源、信息资源等。有形资源与无形资源在创业资源中各自发挥着不可替代的作用。在消耗创业资源的过程中，有形资源会出现边际效应递减趋势，而无形资源则会出现边际效应递增趋势。相比有形资源，无形资源更具价值创业的潜力，能够不断促进有形资源的开发与利用，从而使创业者形成核心竞争力。

有形资源涵盖财务、物质、人力等方面的资源。财务资源涵盖资金、资产、证券等。财务资源对于初创者来说至关重要，关系到创业活动的规模及进展。如果初创者财务资源不足，不仅会造成创业者利息负担过重，而且会挫伤创业的积极性。因此，创业者应该多渠道获取相应的财务资源，做到量力而行，稳步发展。物质资源，即在创业的过程中需要的厂房、机器设备、土地等，不仅有所需要的各种有形资产，也包括一些自然资源。物质资源是关系到创业活动进行顺利与否的战略性资源。对于创业者来说，寻找有利于自身创业的这些资源，是创业活动成功进行的前提与基础。人力资源，即创业者以及整个创业团队的知识、创业智慧等。创业者或创业团队中的成员是人力资源的核心成员，创业要想取得成功，就必须发挥创业者的作用，要时刻关注创业的风险性，不断优化创业团队，更好地推进创业进程。

无形资源包括社会资源、技术资源、信息资源等。社会资源，即创业团队所形成的人际社会关系资源，中国社会的“差序格局”是社会资源形成的原因，良好而广泛的人际社会关系网对于创业团队具有重要的作用。技术资源，即创业过程中所必需的技术，在国家倡导“创新驱动”的时代背景下，拥有核心技术是创业者成长的有力支撑。信息资源，即创业所需要的市场、政策、技术信息等，在信息化时代的背景下，创业者更需要及时获得市场、政策和技术信息，以信息作为切入点，为创业注入新鲜血液，确保走在行业的前列。

二、创业资源的开发过程

创业资源的开发是整个创业活动的关键。为了使创业资源产生最佳效益，需要科学地将创业资源加以开发，而不是简单地进行资源组合。创业资源的开发包括识别资源、获取资源、整合资源、利用资源四个环节。在整个创业资源的开发过程中，每个环节都不是孤立存在的，也不是单一的阶段性的线性关系，而是相互影响、相互渗入的。

（一）识别资源

识别资源是整个创业资源开发过程的第一步，是创业者根据自身所拥有的资源禀赋，对创业所需资源进行分析和确认的过程。由于资源具有复杂性，在识别的过程中不仅需要创业者自身的资源禀赋，而且需要根据创业者的创业方向及要达到的目的，对资源进行有选择性的识别。一些资源可以直接用于创业生产过程，而有些资源需要进一步的整合和处理，间接投入创业生产中。在识别资源的过程中，要注意资源渠道的多样性、资源种类的丰富性以及资源质量的层次性，尽可能拓宽资源渠道，保证资源数量上的庞大，为资源的识别提供较大的空间。此外，在创业的过程中也要注重多种类型资源的获取，以便发现更多的潜在资源来创造更多收益。识别资源的整个过程也是对创业者及其创业团队的考验，不仅需要甄别资源，而且需要对资源的供应商进行全方位的识别，只有这样才能为创业者带来持久的竞争优势，使创业能够有序进行。

（二）获取资源

获取资源是在识别资源的基础上，获取能够支配的所需资源使之为创业服务的过程。在创业的不同发展阶段，所需要的资源有所侧重，获取资源的途径和方法也有所不同。在创业初期，创业者的个人资源禀赋对创业的发展至关重要。在创业不断成熟发展的过程中，所需要的资源要求越来越多、越来越高，不仅要求创业者具有基本的教育、经验、人际社会关系等资源，更需要与创业紧密相关的前沿科学技术，需要创业者及其创业团队不断学习、掌握更专业的知识。在获取资源的过程中，不仅要注重外部资源，内部资源也不可忽视。外部资源可以通过市场购买、股份并购、组织联盟等方式实现。将外部资源内部化，充分利用内部资源也能够为创业资源的获取提供有利条件。

（三）整合资源

整合资源是在获取资源之后对其进行优化配置，使其相互配合、相互促进，形成独特的竞争优势，为创业企业的发展带来最佳的经济效益。整合资源是创业资源开发过程的中心环节，通过资源的整合，可以进一步将资源进行聚集和转化。创业者及其创业团队需要发挥自身的才能、信息等资源优势，将优势最大限度地运用到创业资源的开发过程中，实现资源规模的进一步扩大，为提高资源的利用价值奠定良好的基础。创业者及其创业团队如果不能准确把握瞬息万变的市场，甚至不能预测市场的发展走向，同样将会对整个创业资源的开发造成不利影响。衡量企业把个人资源转化为组织资源的标准就是创业者在多大程度上利用现有资源获得行业知识、产品知识、市场知识。只有将多种创业资源有效结合，才能成功开发创业资源。

（四）利用资源

利用资源是对所获取的资源进行有效整合后，将其投入市场生产过程中，为创业者及其团队创造出财富的过程。利用资源是创业资源开发过程的最后一个环节。在经过资源的识别、获取、整合之后，创业的竞争优势就会逐步形成，但并不意味着创业资源开发过程的结束或者成功。在这种竞争优势形成的基础上，必须对资源进行进一步拓展，要求不局限于创业企业自身的内部资源，还要横向利用其他创业同行的有效资源，通过整个创业团队的不断学习，有效借鉴和利用其他能够为创业服务的资源，拓展创业的资源库，为整个创业提供必需的多种优质资源，使其在激烈的竞争中形成核心竞争力。

三、创业资源的融资

（一）相关概述

融资是创业者在创业过程中的必经环节。创业融资就是创业企业根据自身的生产状况、发展规划，通过一定的渠道去筹集资金来保证创业活动正常进行的一种经济行为，即创业者筹集资金的行为和过程。从广义上讲，融资也叫金融，就是货币资金融通，主要体现为创业者及其创业团队在金融市场上融入或者融出所需资金的行为。《新帕尔格雷夫经济学大辞典》将融资理解为支付超过现金的购贷款而采取的货币交易或为取得资产而集资所采取的货币手段。从狭义上讲，融资就是创业者将自己的资金计划转化为商业现实以保证创业正常进行的过程。我国学者关于创业融资的主流观点是融资行为存在于创业发展过程的种子期、创立期和扩张期，还有部分学者认为创业发展的早期或者创立阶段也需要融资。为了使融资顺利进行，必须实现融资渠道的多元化，理性看待融资的高风险性，同时对每个创业阶段的融资有所侧重。

任何创业活动的正常进行都需要通过融资来获取所需的资金，融资是否成功关系到创业能否继续。对于创业者来说，融资的重要性体现在以下几个方面。首先，资金是创业的血液。资金贯穿于创业的整个过程，支撑着创业的生产经营。尤其对于初创者来说，需要大量的资金来购买所需之物，厂房、技术研发、员工酬金等，都是维持创业正常运转的最基本源泉。在创业规模扩大的过程中，要想实现经济的规模效应，同样需要资金的持续投入。因此，资金不仅是创业生产的起点，更是创业继续扩大发展的基础。其次，科学融资有助于降低创业风险。创业风险一直伴随着整个创业活动，在融资的过程中，要注意融资的多渠道和融资方式的选择，对不同用途的资金要进行不同方式的融资，从而使融资更加合理化和科学化，以此达到降低资金成本的目的，把创业的融资风险控制在一定范围之内。最后，科学的融资有助于创业的成功。合理、科学地将资金融入与融出，有助于创业进入一个良性循环之中，从而使创业处于健康、可持续的发展之中，还可不断为创业注入新鲜血液，先进科学技术的研发需要大量的资金支撑，市场的开拓也离不开资金的投入。总之，创业的一系列环节都需要资金的注入，科学的融资十分必要。

（二）融资渠道的分类

融资渠道即企业筹措资金的方向和通道，体现了资金的来源和流量。选择正确的融资渠道对于创业者的成功至关重要。融资渠道主要包括私人融资、机构融资、风险融资、政府融资四种形式。

1．私人融资

私人融资主要包括个人储蓄融资、亲朋好友融资及天使融资。个人储蓄融资是每个创业者融资的第一步，面对创业风险，创业者需要拿出自己的储蓄存款来帮助创业项目正常运行。一方面，能够证明创业者对创业的信心；另一方面，也能帮助寻找其他融资渠道，增加创业的谨慎性，适当降低创业的风险性。因此，将个人的储蓄存款用于融资对于初创业者具有非常重要的意义，既表明了创业者对自己创业项目前景的肯定，又能够极大地调动起创业者的主观积极性，从而使创业者倾注更多的精力进行创业。

亲朋好友融资是创业融资很常见的一种方式，在创业的发展中起很重要的作用，有学者把它称为“爱心资金”。向亲朋好友筹资是建立在亲情、友情的基础上的，亲朋好友因为信任而愿意把资金投入创业者的创业中，大部分都不需要任何的抵押物和利息。这种信任感在某种程度上避免了投资者面临的不确定性和信息不对称问题。但创业者需要遵循相应的契约规则，用法律形式来规范融资行为，在明确所融资金的性质后，要确定融资双方的权利与义务。亲朋好友无论以借款还是投资的形式融资，都要以书面的形式进行有效的确定，以减少日后不必要的纠纷。

天使融资是一种非组织化的创业投资形式，是在创业的早期所进行的一次性投资。一般的天使融资者属于民间投资人，常见的有资金实力雄厚的创业成功人士、企业高层管理人士以及经验丰富的行业专家、高校科研机构的专业人员等。同时，天使融资程序简单，资金可以在短时间内到位，融资效率较高。天使融资不仅可以提供资金，还可以提供专业技术等方面的支持，有些天使融资者还可以提供网络资源，为创业者的发展注入互联网方面的新鲜血液，提供世界性的平台，还可以带来社会关系网，为创业者的创业发展带来无限潜力。天使融资一般是以股权的方式注入公司，一旦创业者创业成功，它的回报率非常高，目前这种融资方式主要还是集中在发达国家的创业活动中，我国天使融资规模有限，尚处于发展之中，仍需要不断完善信用制度。

2．机构融资

机构融资包括银行贷款融资、非银行金融机构贷款融资、融资租赁。银行作为经济实力雄厚的金融机构是创业者融资的重要渠道，创业者可以通过抵押贷款、信用贷款、担保贷款、贴现贷款等方式融资，银行贷款以风险最小化为原则。抵押贷款是需要借款人向银行提供一定的财产作为信贷抵押的贷款。信用贷款则凭借银行对贷款者的信任，无须任何抵押物。贷款者向银行提供的抵押物分为动产和不动产，以股票、国债、企业债券等银行承认的有价证券为动产抵押物，以土地、房屋等作为不动产抵押物。担保贷款是指以担保人的信用为担保而发放的贷款。对于缺乏发展历史基础和信用经验积累的初创业者来说，很难获得银行的信用贷款，为了解决初创业者的这种融资困难，我国于1993年专门成立了担保公司，着力解决新成立中小企业的融资困难问题。向银行贷款的优点是融资成本较低，在创业盈利后付一定的利息，能够很好地维持创业企业的正常生产经营，缺点是一般要向银行提供有效的抵押物，按期还本付息，如果在创业的过程中出现经营不善，有可能会导致债务危机。非银行金融机构贷款融资主要以发行股票和债券、接受信用委托、提供保险等形式筹集资金。根据法律规定，非银行金融机构包括经银保监会批准设立的信托公司、境外非银行金融机构驻华代表处、农村和城市信用合作社、典当行、保险公司、小额贷款公司等机构。创业者可通过这些非银行金融机构来取得贷款融资。融资租赁是指出租方融通资金为承租方提供所需设备，即以设备出租的形式进行融资，是集融资、融物、贸易技术更新于一体的新型金融业务。这种融资对于创业者的资金实力和信用要求不高，在租赁期间，租赁者可以拥有对设备的使用权，可以按期支付租金，在租赁期间，如果设备出现使用问题，租赁公司负责回收、处理。这样的融资模式非常适合一些起步晚、发展迅速的创业企业，创业者可以把更多的资金放在真正需要的地方，有利于解决资金紧张问题。

3. 风险融资

风险融资就是投资机构或者投资家向具有风险性的企业进行投资。投资机构或者投资家对于企业的风险投资回报要求比较高，由于这种投资的风险性较高，他们会谨慎考虑投资对象，只倾向于投资部分具有巨大发展潜力和优秀的创业团队，在投资前非常关心创业者的发展盈利模式和创业团队，一旦创业企业得到这些风险投资机构或者投资家的投资，就会得到一笔可观的资金用于企业发展。风险投资家一般是随着企业的发展进行分期投资，通过投资后可以参与企业的发展规划和企业的一系列重大活动等。风险投资的目的是盈利，当风险投资家通过在风险企业的投资而获得丰厚的利润后就会退出风险投资，同样也可能存在投资失败的情况，这是一种利益共享、风险共担的投资方式。

4. 政府融资

政府融资。创业者可通过政府的相关资金援助进行融资，政府大力提倡创业，并且出台了一系列政策措施，包括税收优惠政策、财政补贴政策，以及增加贷款援助及鼓励中小企业到资本市场直接融资等措施。政府还提供了众多的专项资金来支持创业，比如有支持科技型中小企业技术创新的专项基金等，根据中小企业自身发展的不同特点，有不同的支持方式，比如贷款贴息、无偿资助、资金投入等。创业企业也可以通过建立吸收下岗职工的福利型企业来获得政府资金的支持。在政府积极支持创新创业时，创业者应该抓住机会来获取更多的政府扶持基金，降低融资成本。

（三）创业融资难的原因分析

调查结果显示，创业者面临的最大困难是资金不足，大多数创业者都经历过资金的“瓶颈”，尤其是一些综合实力较差的中小企业，初创资金多源于自己垫付，向亲朋好友借款，真正从银行等金融机构贷款、筹资的很少，由于资金渠道单一，在企业不断向前发展的过程中，所需资金也不断增加，仅靠创业者及其创业团队自己的存款资金很难满足企业的继续发展需求。因此，融资困难成为部分企业向前发展的最大障碍。创业融资难的主要原因包括创业的不确定性、创业环境的不确定性、创业信息的不对称性等。

1. 创业的不确定性使创业融资难

初创业者在创业过程中各方面都缺乏一定的经验，如发展基础薄弱，在创业资产、技术、销售问题上与发展多年的品牌企业相比，处于劣势地位，存在很多不确定性。同时，初创企业的发展模式、技术水平都有待市场消费者的检验，与资本的供应商还缺乏往来合作的商业基础，没有很强的稳定性，同样需要市场对初创者企业的检验，这种不确定性为企业的融资带来了很大的困难。此外，在其他投资者与企业的合作上，也存在很多的投资顾虑，使投资者难以准确把握真正的商业机会的原因主要是创业本身带有的不确定性。

2. 创业环境的不确定性使创业融资难

根据相关研究成果，市场变化大是中国创业环境的重要特征。市场变化大，一方面带来了很大的创业发展机遇，提供了很多的创业发展机会，但同时也意味着创业活动本身会面临着很大的发展不确定性，为创业的发展带来一系列的风险。

大学生创业实际上是一个风险很大的事情，在如何工作、如何接触社会等方面还是一张白纸，这种情况下创业摔跟头会摔得很重。市场环境的瞬息万变使创业者难以准确把握时代真正的需要，同时创业者的自身实力、经验等也有限，这些都增加了创业融资的难度。

3. 创业的信息不对称性使创业融资难

创业者在创业之前或者创业的过程中做的准备工作较投资者而言更多，对于自己的实力水平、创业项目、创业发展前景以及创业信息有着较为清晰的认识。因此，创业者相比投资者更具有信息优势。投资者与借款者存在信息上的不对等性，他们各自对创业风险的认识不同，导致在融资上出现逆向选择的问题。借款者比贷款者更具有信息优势，这样贷款者在贷款条件的设定上也会出现信息滞后的问题，贷款者一般根据市场的风险性来确定贷款的利率。长期以来这种方式的贷款，导致借款者的素质整体下降，使借款市场出现整体素质不高、技术不成熟的创业者及其创业团队，投资者可能会被这些团队华而不实的设计表面所迷惑，从而使这些团队成功获得融资，而那些真正有发展潜力的创业者及其创业团队就可能会丧失一定的融资机会，从而出现逆向选择。最后，信息的不对等性也使创业融资难。信息的不对等性主要表现为创业者及其创业团队对涉及商业机密的创业信息的保密，增加了投资者对所投企业的信息甄别难度，进而影响了投资者的决策。

第二节 创业资源的获取与管理

一、创业资源获取的影响因素

初创企业需要获取广泛的外部资源，以使得企业走出初始阶段。在 2001 年，一些学者对资源获取下了定义：企业在不同发展阶段对应的周边环境也在不断变化，这就导致企业对资源的需求存在差异，因此企业需要明确自身对资源的需求，并想办法补充这些资源，维持企业的良好运转。在创业资源获取方面，前人的实证研究主要关注金融资源，而更广泛的创业理论文献则将其余两种对初创企业生存至关重要的资源明确出来，一是拥有基于纯技术或经验的技术型人力资源，二是基于纯技术或经验的管理型人力资源。然而，想要让这些人力资源（如营销总监、技术总监）进入公司，需要先找出能够让该资源拥有者信服的理由；

通常情况下，资源拥有者会将客户或使用者提供的订单视为至关重要的市场验证凭证。

根据前人文献的综合分析，我们总结出影响创业资源获取的因素有很多，如创业者所拥有的初始资源与社交网络、商业网络、支持性网络、政府网络，人际关系的强度，企业规模、所属行业和阶段，以及创业者的性别、学历和其他特征等。下面重点对创业网络、创业者特质以及初始资源这三个主要的影响因素展开论述。

（一）创业网络

创业者（创业企业）所拥有的各种社会关系网络，包括个体网络和组织关系网络，构成了创业网络的基础。其中，创业者与创业企业之间的组织关系网络和个人关系网络都会对创业绩效产生重要影响。在创业活动中，创业者（创业企业）的社交网络会被嵌入其中，形成一个完整的创业网络体系。网络关系具备多样性，这主要体现在商业合作伙伴、朋友、代理、导师等多个方面，这些渠道共同决定了资源有可能共存于两种关系之中。根据现有文献，对于小型企业而言，网络系统或许是一种主要的资源补充方式。外部网络作为一种信息获取的媒介，能够为创业者提供一条畅通无阻的信息通道。创业活动与其他商业形式一样会产生一些网络关系，如技术联系、市场联系等。由于创业者可以通过网络获取外部资源，网络关系的存在能够增强企业获取外部资源的能力。因此，对创业网络进行深入而系统的理论和实证研究具有十分重要的意义。根据前人的研究成果，创业网络可被划分为三种类型，一是社会网络（亲友熟人），二是支持性网络，三是公司间网络。三者都与创业成功有关。社会网络是指社会个体成员之间因为互动而形成的相对稳定的关系体系，随着互联网的普及和社交软件的兴起，社会网络开始向虚拟空间延伸，也就是我们常说的“社交网络”。支持性网络是由银行、政府和非政府组织等多个支持机构所构成的网络。公司间网络是一种既不同于市场也不同于企业科层的组织形式，它是一些经过筛选的独立的企业通过正式企业和隐含契约所构成的相互依赖，同担风险的长期合作的交易模式。这三种网络类型各自拥有独特的功能与特性。社会网络犹如机遇的汇聚体。有些学者主张，社会网络为创业者提供了信息和其他形式的非物质支持，同时也为他们提供了财务上的支持。初创企业家主要通过个人网络获取企业所需要的各种资源，这是因为他们通过将个人网络视为自身资源的有益补充，逐渐实现了自我独立。社会网络的广泛应用，为资源获取过程提供了多元化的渠道和方式。首先，网络能够为资源拥有者提供重要的信息，包括创业者的能力、新兴企业的技术和市场潜力等。其次，网络通过提高机会主义的代价来降低交易成本，从而增强了网络的竞争力。网络中的资源拥有者具备对创业者实施惩罚的能力，一旦创业者的行为被认定为不当，资源拥有者可以通过散布有关创业者的负面信息来对其进行制裁。信誉的建立需要漫长的时间，然而名誉的破坏速度却异常迅猛、轻而易举，网络为机会主义行为提供了一种自我实现的保障机制。大学生创业的网络形态相对单一，由于他们大多数时间都在学校接受教育，很少有机会接触到社会，这导致政府和商业网络在大学生的创业网络中几乎不存在。由于大学生在校期间积累了一定的人力资本，在创业初期，他们主要依赖于个人网络这一类型的网络。随着政府对大学生创业政策扶持力度的不断加大，大学生已经具备了较为完善的金融网络，这为大学生的创业奠定了坚实的基础。由此，创业网络在大学生群体中呈现出两种主要类型，一是个人网络，二是支持性网络。

（二）创业者特质

1. 风险承担性

一般而言，风险承担倾向指的是个体在面对特定风险时所表现出的情感和态度，或者是个体在面对风险时可能采取的行动。创业是一项极具挑战性的工程，在这个过程中，创业者会遭遇无数的挫折和困难。如果创业者能够对自身做出正确的判断并采取相应的措施去克服这些挫折与困难，他们的创业工作就能获得更高的成功率，从而使企业得到更大发展。此外，创业成功与否的关键，还在于创业者是否坚信自己的信念，因为这将直接影响到他们的创业成果。在创业过程中，创业者具有一定的冒险精神也是十分关键的因素。创业的道路要求创业者不断地探索和完善自己，当面临一些至关重要的决策时，创业者的自信心对于他们是否能够持续推进创业的进程至关重要。由于所处年龄阶段的普遍特征，大学生创业者具有较强的自信心，他们往往勇于承担风险。

2. 成就需求

推动人们寻求创业机遇以获得更多成就满足的需求，就是成就需求。由于处于特殊的年龄阶段，大学生需要展现出卓越的成就，以赢得投资者和团队成员的认可和赞赏，所以大学生对成就的需求非常迫切。

3. 内控源

那些具有内控型人格的创业者往往都坚信，他们自身的毅力和才干水平是影响他们创业成功与否的决定性因素。高等教育背景下，大学生创业者的文化水平较高，他们更愿意认为自己的努力程度是决定最终成功的关键因素，客观因素的影响并不是很明显。

（三）初始资源

近年来，越来越多的学者已经提出了充分的论据，以资源基础观（RBV）为基础来解释创业过程和新企业战略行为。资源基础观认为，企业可被视为资源与能力的融合产物。创业者在获取和开发资源的过程中，所创造的新企业产出，很大程度上取决于创业者所能获取的资源的性质。由于新企业的合法性不足和规模较小等特点，其往往会面临资源短缺的先天缺陷。虽然创业者的初始资源禀赋可以进行一定程度的初始发展，但若不继续获取和积累新资源以满足企业需求，企业将无法实现进一步的实质性发展。因此，企业在追求发展的过程中，必须不断挖掘自身的资源潜力，以探寻新的商机和资源。

在选择自主创业时，大学生常常面临着资源匮乏的困境，这也是他们在创业初期所面临的主要挑战之一。具体而言，首先，大学生往往在创业初期缺乏充足的资金。从小学到高中，大学生一直处于学习环境之中，即便进入大学，很多大学生的收入几乎为零，而他们的日常开销则完全依赖于家庭的支持，这就导致他们基本没有任何储蓄。其次，在创业初期，大学生所拥有的优势资源之一是其受教育程度，这是大学生作为创业者，在创业之初所具备的有别于社会创业者的优势。在校期间，大学生接受了大量专业知识和课程的学习，这些知识能够帮助他们在创业初期做出更加明智的决策。最后，大学生在校期间往往实践经验不足，这使得他们对于创业实践可谓一窍不通，这也是大学生创业群体中普遍存在的一个重要特征。

二、大学生获取创业资源的途径

相较于一般创业者，年轻的大学生创业群体在资金、技术和经验等方面存在明显的劣势。由于所拥有的资本积累十分有限，大学生在创业过程中更多的是依赖外部资金支持，同时其社会经历不足、管理经验有限、信誉较低，因此大学生在初创阶段所面对的风险可能相当大。此外，高校创业教育也存在着一定程度的缺失，这使得大学生很难从学校得到足够的指导和帮助，导致他们的创业成功率偏低。更多的资源和外部支持，可以显著提高大学生创业的成功率，从而增强他们的创业能力和竞争力。

（一）通过大学生的特殊身份获取资源

近年来，针对大学生创业，政府和高校纷纷推出一系列优惠举措，包括完善创业政策和提供创业资金等措施，使得大学生在进行创业时拥有足够宽松的政策环境。与常见的中小型企业相比，大学生创业者在申请小额创业贷款方面拥有更大的优势；此外，参加创业大赛也是一种获取相关创业基金支持的有效途径。大学生创业者的优势在于其受教育程度，它使得大学生具备分析和总结问题的能力，从而能够更加清晰、理性地识别和分析创业资源，同时还能有效地降低成本。

（二）通过积极开拓社会资源获取资源

社会资源呈现出多元化的特征，涵盖合作伙伴、亲朋好友、创业联盟、导师、代理等多方面内容。这些资源都可能成为企业成长中不可或缺的部分而发挥重要作用。由于内在缺陷和规模过小等问题，初创企业很有可能无法获取所需资源或承受高昂的成本，这限制了其发展。这就要求创业者必须通过一定的方式来获取社会资本以缓解其资金压力。在一定程度上，社会资本能够为创业者提供相对经济实惠的获取资源的渠道。如果一个创业者在个人信誉和企业成就方面表现出色，那么在拥有丰富社会资源的前提下，创业者将更容易获得更多高价值的创业资源。在创业过程中，创业者要不断吸纳社会资本，为获取更多的创业资源打下坚实基础。

（三）通过初创企业的初始资源获取资源

初始资源主要被用于设立企业，而运营资源主要被用于支持企业后续生存与发展。在创业期，创业者要获取和利用各种资源，而这些资源中的大多数都来自初始资源。如果企业拥有充足的初始资源，那么它就能通过不断吸纳外部新的资源，并将其与初始资源进行有机结合的方式，促进企业的发展。对于初创企业而言，初始资源极为关键，因为这些资源可以被视为一种，推动其他资源流动的工具。对于大学生而言，优秀的商业思维和对机会进行捕捉的能力是十分很重要的，他们需要在竞争优势不断扩大的情况下，提升自身的社会认同感，以获取更多资源。

（四）有效整合已有资源，最大限度地利用资源

创业资源的获取不仅是简单的数量积累，还需要创业者精细化和丰富化地对其加以处理，以获取全新的竞争优势。创业资源整合主要是指将企业内外部相关资源有机结合起来，实现资源共享，以达到提高创业效率和增强企业竞争力的目的。此外，在整个资源识别、获取和利用的过程中，资源的整合是必不可少的。大学生创业者更多的是缺乏充足的初始资源，故对资源进行有效整合和充分利用是至关重要的。企业的正常运转仅凭有限的资源是不够的，因此，大学生创业者需要运用自身资源整合能力，将从外部环境获取的资源与内部初始资源进行有效整合，以改善创业绩效，促进企业长远发展。

三、创业资源的管理

从创业资源角度看，资金资源、人才资源、时间资源、市场资源等都属于企业的创业资源。

（一）资金资源管理

资本的注入是企业经营绕不开的环节。资金的流转与营业运转之间存在着一种紧密的关联，即从原材料的订购开始，经过原材料入库、原材料投入生产过程半成品、产成品入库、销售成品出库以及回笼资金到账等多个环节，最终实现资金的流转。在整个过程中，企业需要承担管理、财务等多方面的开支和费用，这些费用和开支都是不断增加的。企业的运转离不开资金的注入，因为资金是推动企业发展的不可或缺的力量。

（二）人才资源管理

在企业创业过程中，另一个值得关注的问题是如何获得人才的有力支持。由于新、老项目之间往往存在竞争关系，对新项目来说，需要更多的优秀人才。在种子阶段，项目的运作和管理主要由极少数人负责，但一旦项目开始孵育发展，规划管理就需要得力的人才，同时，新旧项目之间的人才争夺问题也随之而来。为了确保新旧项目的发展不受人才问题的干扰，企业必须注重对新人才的培养，以稀释各部门的人才密度，从而为人才注入更多的活力、动力以及压力。

（三）时间资源管理

相较于大学生创业而言，企业创业所面临的一个巨大挑战在于创业者的工作时间和工作精力难以得到充分的保障。通常情况下，企业内部的创业家需要同时完成当前工作和开发工作，因此，他们在分配工作时间时往往会忽视其他方面的需求。

为了确保员工有足够的时间去孕育具有创新性的想法，企业应该提供相应的制度保障，同时减轻员工的工作负担，进而减轻员工在时间方面的压力，让他们有足够的时间去处理问题、进行创新。此外，企业还应当鼓励和支持每一个员工利用各种机会进行探索和创新。举例而言，柯达公司创业者会利用 20% 的工作时间进行创业设想的完善更新，假若设想得以实现，创业者将有可能离开其最初的职位。

（四）营销资源管理

企业在创业过程中，需要对营销资源进行科学合理的分配，同时积极开拓新的市场领域。市场营销的目的就是满足消费者需求，提高企业竞争力，实现企业价值最大化。企业创业的最终目标是开拓市场，新产品的成功与否直接取决于市场对新产品的认可程度，然而，由于进入市场初期，新产品在市场中往往会默默无闻，因此，企业必须整合销售资源，尽其所能地拓宽新产品的市场。在市场竞争中，新旧项目的营销资源争夺问题也是不可避免的挑战。随着市场经济体制的建立和改善，市场竞争越来越激烈，新产品开发速度越来越快，企业所面临的市场营销环境日趋复杂，如何才能使一个企业尽快地占领市场成为摆在每个创业者面前的难题。为了应对这一挑战，企业需要加大对营销的投入力度。

第三节　创业资源的整合

整合创业资源是比较错综复杂的，需要创业企业对在来源、层次、结构、内容等方面都存在差异的资源进行筛选、吸收、配置、激活和有机融合，以赋予其更强的柔性、条理性、系统性和价值性，并重构原本的资源体系，淘汰无价值的资源，从而构建更加完善的核心资源体系。创业资源的整合包括四个步骤，分别是资源扫描、资源控制、资源利用、资源拓展。

一、资源扫描

创业者需明确自身的资源禀赋和企业最初拥有的资源，并鉴别所有有价值的有形资产和无形资产等已有资源，包括技术、人才、品牌、设备等，认清自身的资源优势和不足，同时明确战略性资源与一般性资源的具体范畴，以及资源的质量、数量、使用时间和顺序。

除了要审视自身已有资源，创业者还要对外部环境进行全面扫描，以便及时将创业企业所需的资源记录下来，明确哪些渠道可以获取这些重要资源，以及哪些人拥有这些资源，并根据获取难度进行排序，以寻找利益交集，并深入分析资源所有者的利益需求，还要将其与自身所拥有的资源进行比较，实现两者在利益上的双赢。

二、资源控制

创业者所拥有的资源、可通过交易等方式获取的资源，以及可通过社交网络等方式控制的资源，均属于资源管理的范畴。很多时候，创业团队所拥有的资源，包括但不限于技术、经验、行业知识、声誉、资金以及社交网络等，这些资源均为创业者所拥有。对于特定的行业而言，企业的成功与否取决于创业团队成员所拥有的社交网络资源和对先进技术的融合程度。在资源获取的过程中，创业团队的成员必须审慎评估所获取的资源对于企业目标的实现是不是至关重要的，并要发挥创造性思维，规划双赢的合作方案，以建立长期互惠的关系。

三、资源利用

创业企业要以获取大量资源、控制大量资源为基础，对这些资源进行优化配置和高效利用，以最大限度地发挥其使用效益，彰显出这些资源的巨大价值。在整合企业资源之前，这些资源通常比较低效、零散，为了充分发挥它们的使用价值并实现最佳效益，创业企业必须运用科学方法对各种类型的资源进行细致的分类、配置和激活，以有机的方式将有价值的资源融合在一起，使它们互相融合、相辅相成。

一旦进行资源配置，新的资源或竞争优势便会涌现而出，企业必须善用这些独特的优势，以赢得市场份额。在这个过程中，企业需要对资源进行整合和转化，以获取持续而稳定的竞争优势。在此之后，创业者需要整合资源之间的各种联系，以充分利用有用资源、摒弃无用资源。同时，创业者要注意到资源和能力是有关联的，不能把两者割裂开来进行管理，而是应该将它们有效结合起来。创业者要通过协同作用，加强资源之间的联系，使其更具匹配性，从而取得“1+1>2”的效果，为下一步的拓展打下坚实基础。

四、资源拓展

在资源拓展的过程中，企业需要建立新的联系，将新获取的资源与已有的资源进行有机融合，以进一步挖掘潜在的资源，为企业源源不断地提供竞争优势。创业企业在开拓创造的过程中，可以获得全新的能力，从而更加深入地探索和把握创业机遇。

第六章　大学生创新创业实践

第六章为大学生创新创业实践，包括四方面内容，依次是创业计划、创业企业的设立、创业企业管理、创业企业风险及防范。

第一节　创业计划

一、创业计划书概述

（一）创业计划书的概念及作用

1. 创业计划书的概念

创业者在完成创意形成、机会评估等基础工作后，应积极投入制订完整的创业计划工作中。创业者通过创业计划书的规划与撰写，向现实的和潜在的合作伙伴、投资者、员工、客户及供应商等全面阐述公司的创业机会和把握创业机会的措施及实施过程，说明所需的资源，揭示风险和预期回报。另外，一份综合的创业计划也是创业者对创业项目在发展方向问题上的综合意见和反思的结果，它是决定企业基本运作的主要工具，也是管理企业的主要文件。

创业计划书，也被称为商业计划书，是详述筹建企业的书面摘要，是对与创业项目有关的所有事项进行总体安排的文件。创业计划书覆盖了创业企业的各个方面，如项目、市场、研发、制造、管理、关键风险、融资、阶段或时间表等。所有这些方面的描述，展现了这样一幅清晰的画面：本企业是什么；企业的发展方向是什么；企业家怎样达到他的目标。总之，创业计划书是企业家成功创建企业的路线图。创业计划书能够让投资者充分了解企业各个方面的情况和市场前景，吸引他们的投资兴趣，明白其投资的价值；也能让创业者明晰自己的创业思路。

2. 创业计划书的作用

对于大学生创业者而言，由于存在行业、经验、资源等经验缺乏的客观情况，因此，创业计划书的规划与撰写显得尤为重要，对深入分析创业项目、厘清创业思路、指导创业行为等具有重大的实践意义，很大程度上关系到创业项目的成败。

（1）创业计划书可帮助创业者梳理思路

对创业者而言，一个创业项目在头脑中酝酿时，往往比较有把握，但从不同角度仔细推敲时，可能有不同的结果。通过编制创业计划书，创业者对创业活动可以有更清晰的认识，对项目可行性的探讨也会更深入。可以说，创业计划书首先是把计划中的项目推销给创业者自己，使创业活动能有条不紊地进行。撰写创业计划书的过程就是帮助创业者厘清思路、发现疏漏问题、评估经营风险的过程。虽然创业的实际执行情况与当初的创业计划会有很大的出入，但是一个经得起推敲的创业方案和目标会大大提高创业成功的概率。

（2）创业计划书是筹措资金的重要工具

投资者不是慈善家，他的投资目的在于获取投资带来的收益。投资者对于投资项目的选择是十分谨慎而苛刻的。投资者的时间、精力有限，对于潜在投资项目不可能身体力行地去考察，因此，做足“表面文章”就是十分必要的了。具体来说，对于投资者而言，一份理想的商业计划书能明确企业经营的构想和策略、现实业绩和发展远景、产品市场需求规模与优劣势、财务计划（企业的资金需求和偿还能力、资金分配情况等）、创业团队的能力和阵容、投资回收年限及风险等要素等，无疑是创业者向投资者传递信息的关键媒体。

一份创业计划书可以使创业者在投资者讲述创业项目时显得更加自信和条理清晰，从而在众多融资申请中脱颖而出，赢得投资者的资金支持。

（3）创业计划书可以为企业的发展提供指导

创业计划书的内容涉及创业的方方面面，可以使创业者对产品开发、市场开拓、投资回收等一些重大的战略决策进行全面的思考，并在此基础上制订翔实清楚的营运计划，周密安排创业活动，降低创业风险。企业初创时往往缺乏吸引力，对人才和资金的吸引力都比较弱，一份优秀的创业计划书，能够帮助企业打动企业急需人才的心。企业的预期目标、公司战略、进度安排、团队管理等方面都是创业者团队理想的具体化，是创业团队奋斗的动力。此外，创业计划书能使管理层和员工对企业及个人的未来充满信心。

（4）创业计划书帮助创业者把企业推销给潜在合作者

创业计划书帮助创业者把企业推销给潜在合作者，如合伙人、银行家、供应商、销售商，以及行业专家、政府行业管理部门、新闻媒体。从这种意义上说，创业计划书还担负潜在的资源积聚与整合功能。对于大学生创业者而言，创业计划书是他们向政府争取优惠政策所必需的材料。

我国政府每年都会在科技、资金等方面选择一些前景较好的创业项目并为其提供支持。想要取得政府的支持，就必须有完整的创业计划，展现创业项目积极的社会意义，让政府机构了解企业的创业思路和所需要的具体支持。

（二）创业计划书的类型

在划分创业计划书时应该按照一定原则进行，一般在划分时会按照计划书编写的目的和计划书编撰篇幅长短划分。下面从这两个方面了解一下创业计划书的类型。

1. 按照计划书编写目的划分

（1）争取风险投资的创业计划书

①计划书的对象：投资者，尤其是风险投资者。

②计划书的目的：争取风险投资是其最为主要的目的。风险投资主要投资方向是以高新技术为基础的技术密集型项目。风险投资主要来自养老基金、保险公司、商业银行、投资银行、大公司、大学捐赠基金、富裕的个人及家人等。

③计划书的作用：在创业的融资阶段，风险投资者最为关注的项目是企业是否拥有足够大的市场容量及持续不断地获得利润的能力，同时考虑创业者有没有一个周密、完善且具有操作性的项目实施计划，具不具备将项目成功实施的创业管理团队，有没有能力保证项目运营成功。

④注意事项：基于上述内容，创业者在撰写争取风险投资的计划书时，一定要以投资者的需求为出发点，使投资者对投资项目的运转和产生的效果心中有数，只有这样才能更好地吸引投资者的关注和投资。

（2）吸引人才加入的创业计划书

①计划书的对象：新企业急需的优秀人才。

②计划书的目的：让潜在的合作伙伴了解创业项目的具体情况，让其发现用武之地，激发其创业的热情，最终将其吸引到自己的创业团队当中。

③注意事项：人才资源是第一资源，为了能让优秀人才加入创新创业团队，

计划书不仅要清楚明确地阐释企业的商业模式及未来的发展前景，还应该明确怎样吸纳新的创业伙伴，怎样分配创业过程的利益及各自承担的责任，比如技术入股、干股、期股等方式；此外，还要注意扩大寻找合作伙伴的范围，比如在吸纳人才之前要进行调查，获得潜在合作伙伴的信息。我们可以通过熟人介绍或者推荐的方法吸纳人才，也可以发布招聘信息吸纳人才等。

（3）获取政府支持的创业计划书

①计划书的对象：政府工作人员。

②计划书的目的：创业者研究和编写此类型的创业计划书是为了得到政府政策方面的支持。创业计划书中要重点强调项目的投资可行性，要突出企业的社会收益和生态效益，因为只有对社会经济发展有利，并符合国家鼓励发展的产业方向的项目，才能获得政府的政策支持，比如人才引进奖励、低息贷款、税收优惠等相关政策优惠。一般而言，政府比较支持高科技创新创业企业。

③注意事项：在编写此类计划书时，首先要做的就是深入了解国家在宏观经济方面推行的政策，准确抓住产业结构调整的主要方向，同时要注意以创新促进创业，让经济发展的方式加快转变。

（4）争取合作伙伴的创业计划书

①计划书的对象：企业大型客户群体、原材料供应商、行业协会等合作对象。

②计划书的作用：为了获得合作并维持良好的合作关系，创业者在必要的时候要向合作伙伴提供创业计划书，从双赢的角度着眼，向合作伙伴阐释自身的优势和进一步发展合作关系带来的利益。

③注意事项：基于创业计划书的上述作用，在撰写此类计划书时一定要有针对性地提出具体的合作方案和合作后双方从中获取的利益，这样能让合作者更好地了解双方合作的意义，对进一步加强合作非常有利。

2. 按照计划书编撰篇幅长短划分

（1）略式计划书

①最大特点：简明、短小。

②基本内容：企业重要信息、发展方向、少部分重要的辅助性材料等，关键性的问题点到为止，给予简明扼要、切实可行的论述即可。篇幅一般保持在 10～15 页。

③注意事项：大学生在准备创新创业时可以先进行略式计划书的编写，找寻有合作意向的人，为编写详细的创业计划书做好充分的分析准备工作。

（2）详式计划书

①最大特点：涵盖大量细节性信息。

②基本内容：详式计划书要求创业者详细且全面阐释整个创业思想，特别是计划书中最为关键的部分，要进行最为详细的论述。此计划书面向的是企业内部人员，同时它也是企业经营的蓝图。

③注意事项：详式计划书编写的基础是一系列假设，但是这些假设是在编撰者对现状有着充分理解的基础上的。当客观情况发生变化时，计划书就需要做出更改。在这样的情况下，详式计划书反而成了累赘，因为它不仅会花费大量精力，还会对企业的发展有限制作用。因此，刚开始创业的大学生应该先编写略式计划书。

（三）创业计划书的基本要素

创业计划书是将有关创业的想法用书面形式表达出来，让别人了解创业者的创业想法，了解创业项目的前景，以便对创业项目进行资助或投资。同时，作出一份完整的创业计划书，也是对创业者自己的指导，使创业不是一时冲动，而是有目标、有步骤、有方法、有可行性的理性决定。创业者要随时对照自己的创业计划书，检查各阶段任务的完成情况，提醒自己不断努力，完成创业计划。

一份好的创业计划书要能抓住最基本的问题和核心，解决做什么、怎么做的问题。一般来说，创业计划书应包括创业项目、市场状况、创业条件、实施方案、创业目标、风险防范等要素。

1．创业项目

创业计划书要能清楚地说明创业的项目，要解决“做什么”的问题。要让自己和他人知道自己要做什么，要提供什么产品或服务及产品或服务的特色。对自己要提供的产品或服务有一个具体的、明白的、形象的描述，对于产品或服务的性能、质量、规格、特色、市场竞争能力要进行简明扼要的描述，对项目的开发成本和利润则要进行详细描述。

2．市场状况

创业计划书要对创业项目进行市场分析，要解决“能否做”的问题。创业计划书要对创业项目的市场需求、消费者对象、市场前景、市场竞争状况等有充分的分析；对创业项目要提供的产品或服务的市场供给量、需求量、供需对比有足够的描述；对自己的产品或服务的目标顾客的状况、性别、年龄、购买力等，要有充分的描述；最重要的是，要将自己的产品或服务的市场竞争优势充分地体现出来，展示创业项目的可行性和发展前景。

3. 创业条件

创业计划书要描述创业者具备的创业能力和创业条件，包括创业者的能力、资金、技术、创业团队等。要表明创业者和团队有实施项目的能力，有实施项目的资金或能筹集到实施项目的资金，具备实施项目相应的技术条件。

4. 实施方案

创业计划书要有实施项目的具体方案，要解决“如何做”的问题。这是创业计划书的重点，包括市场调研方案，资金筹集措施，创业团队的组建，创业机构的设立，人员的培训，产品（服务）的制造、提供、营销、管理等。

5. 创业目标

创业计划书要充分说明创业项目实施能产生的效益。要用充分的数据说明创业项目实施后能带来的经济效益、社会效益，还要表明创业项目的短期、中期、长期发展目标。

6. 风险及防范

在创业计划书中，必须对项目实施过程中可能出现的市场、政策、管理和技术等方面的风险进行全面预测，并采取切实可行的预防措施。

二、编写创业计划书

（一）创业计划书的编写原则

创业计划书在编写过程中，需要遵循以下原则。

1. 内容客观

创业计划书是根据客观事实撰写的，里面的方案是基于现实的数据分析、详细的调查研究、严密的逻辑推理制订的。任何陈述都要有客观依据，绝不能杜撰。创业计划书的语言也应客观理性，如果一份方案写得像一个煽情的广告，那么可能会导致投资者及其他利益相关者对方案产生怀疑，甚至拒绝接受方案，因为他们需要一个实事求是、理性思考的创业合作者。

2. 展示优势

无论是风险投资家还是合作者，都非常关注项目的优势，在商业计划书中要充分地展示这一点。在一个创业项目中，一定要有一个或几个相当有吸引力的创新点，否则，创业项目就没有太大的意义。

3. 逻辑严密

成功的创业计划书不仅要展现方案，更要充分展现决策依据，反映出创业发起人的每一个决策都有理有据，经过系统、严密的分析和思考，让投资人和相关利益者确信创业发起人的决策方法科学、逻辑思维严密，相信这是一个合理的方案，实施效果会有保障。

（1）选取素材要严谨

素材的严谨性要求创业者对市场的预测建立在客观、科学的市场调研的基础上。对整个市场的规模、细分市场的占有率、产品的定价、产品的销售数量和销售收入、财务分析和计划、创业所需的种子资本等的预测综合了从实地现场调研、各行业协会、行业杂志、行业出版社及互联网等所获得的所有数据资料，并且确保这些数据资料是经过反复分析与归纳的，是经得起市场和现实考验的。

（2）写作过程要严谨

写作过程的严谨性是创业计划书撰写和修改过程中要特别注意的。创业计划书的内容和数据既繁又多，篇幅较长，难免会出现前后矛盾、数据不一等情况。因此，在写作完成以后，统一的检查和修订工作就成为必不可少的一步。

4. 强调可行

一份符合市场要求，且具有可操作性、可执行性的创业计划书才是合适的计划书。无论是市场、生产，还是财务部分，都必须体现出可行性的原则。对可行性的考虑应该包括时间和资源的有效性、法律法规的限制、产品行业标准的限制等。具体到计划书，应该从以下几个方面加以体现。

（1）投资必要性

在创业计划书中，创业者应基于市场调研和预测结果，结合相关产业政策等多方面信息，进行项目投资的必要性论证。在论证投资的必要性的过程中，首先是对投资环境进行全面分析，并深入剖析构成投资环境的各个部分；其次是开展深入的市场研究，包括但不限于对市场供需的预测以及对市场竞争力、产品价格、市场细分方式、市场定位确定以及营销策略等方面的分析论证。

（2）环境可行性

环境的可行性取决于经济和社会两方面因素的相互作用。在创业计划书中，创业者应基于资源配置对该项目的价值进行评价，对该地区的经济发展目标进行评价，同时考虑方针政策、政治体制、法律道德和宗教民族等多个方面的不同。

（3）技术可行性

在创业计划书中，创业者应以项目实施的技术为基础，对技术方案进行仔细规划、比较，进而开展评价。

（4）组织可行性

确立合理的项目实施进度计划，构建科学的组织架构，选拔具备充足经验的管理人员，构建紧密的协作关系，规划适宜的培训计划，以确保项目的顺利实施。

5. 阐述清晰

由于创业计划书所要阐述的事项繁多，可能比较厚。为了方便风险投资人和其他相关利益人阅读，在撰写创业计划书的时候，一定要做到清楚明了。

（1）结构要清晰

任何阅读者读创业计划书的时候都不可能从第一页仔细阅读到最后一页，一般会先浏览创业计划书的结构，选定他们关注的问题再仔细看。如果创业计划书中没有他们感兴趣、关注的问题，这份计划书就没有什么作用。因此创业计划书必须有一个清楚的结构，使阅读者能够轻松快捷地选择他们想要阅读的部分。

（2）内容要清晰

规划创业计划书时，要保证其内容紧扣主题，这样一来，计划书会给人一种专业、清晰的感觉。适当使用形象化的表达方式往往可以增强创业计划书的清晰度；图、表的视觉效果往往强于文字，它们既可以吸引读者的注意力，有效地解释概念，又可以打破单调的文字格局。

（3）形式配合内容，重点醒目

创业计划书的各部分应搭配合理，设计美观。要在色彩、字体、图案和页眉页脚等方面用心设计，使重点很自然地凸显出来，同时使读者在阅读过程中获得愉悦的审美体验。

（二）创业计划书的主要内容

通常情况下，创业计划书需要涵盖主要产品和服务范围、公司简介、营销策略、市场现状概况、管理者和组织、市场管理计划、资金需求、财务计划等方面的信息。下面介绍创业计划书通常所包括的主要内容及编写要求。

1. 摘要（执行总结）

摘要（执行总结）是整个创业计划书的概括性总结。通常，读者在阅读创业计划书的摘要（执行总结）后，会对创业计划书的基本情况有所了解，并有了是否继续阅读下去的决定。也就是说，如果摘要（执行总结）部分不能激起风险投资家的兴趣，那么创业计划书的后续部分就很可能无缘与风险投资家见面。由此可见，在撰写摘要（执行总结）部分时，要格外重视。

2．产品（服务）介绍

投资人在评估某个投资项目时，往往最关心的是创业企业的产品（服务）构想对市场的适应程度。因此，产品（服务）介绍是创业计划书中必不可少的内容。

在产品（服务）介绍部分，创业者要对产品（服务）做出详细的说明，说明要准确、通俗易懂，使非专业型的投资者也能明白。产品介绍最好附上产品实物照片或其他资料。在产品（服务）介绍中，通常要回答以下问题：消费者希望产品（服务）能帮助他们解决哪方面需求；和竞争对手相比，创业企业的产品（服务）有哪些优点；消费者为什么会选择本企业的产品（服务）；等等。

3．人员及组织结构

创业成功的关键在于拥有一支优秀的创业团队，他们是进行企业经营管理的核心，对企业未来持续发展前景起着决定性作用。因此，对于公司的创业团队，风险投资家会格外注重对其进行全面评估。在撰写人员及组织结构时，需要展现创业团队中高素质的管理人员和良好的组织结构，从而增强创业计划的说服性。

4．市场分析

市场分析包括市场细分及目标市场定位、消费者行为分析、竞争对手识别和分析、替代品分析、产品竞争力分析、市场环境综合分析（SWOT 分析）、产品的市场优势和可行性等。

5．营销策略

在企业经营过程中，营销环节是最具挑战性的一环，需要充分应对各种复杂情况和市场需求。营销策略的制定受到多方面因素的影响，其中包括消费者的特质、产品的特性、企业自身的运营状态、市场环境的因素。在规划创业计划书时，要保证无论是企业领导还是企业员工，都能通过营销策略掌握有关市场结构和营销渠道的信息、营销团队和相关管理方式、促销计划和广告推广办法以及价格、营销预算等方面的具体情况。

6．生产与经营

无论多么完美的设想，最终都要落实到具体的实施上。因而，生产与经营也是投资者比较关注的部分，所以要花功夫把该部分写具体、写完整。

7. 财务预测

财务预测需要花费大量的时间和精力来进行，以说明创业者对于融资而来的资金有很好的使用计划。财务预测分为短期预测和长期预测。其中，提供一个清晰的、有逻辑的、有根据的财务预测是赢得投资的很重要因素。编制预计财务报表专业性较强，如有必要可聘请专业人员辅助进行。

财务预测的信息主要有销售估计和管理、产品、销售等方面的成本以及边际贡献、资金支付、债务利率、收入税率、应收账款、应付账款、存货周转、减价计划和资产利用率等。

（1）资产负债预测表

资产负债预测表是企业未来某一特定时间节点（通常在各会计期结束时）所对应的财务状况，设计资产、负债与所有者权益，是企业的主要财务报表，它能够反映一个时期内资产和负债、所有者权益与收益之间数量上的关系，并以此作为企业相关人员编制财务分析报告的依据。根据会计平衡原则，资产负债表需要对符合会计原则的资产、负债和所有者权益交易科目进行划分，分别归纳为“资产”区块和“负债及所有者权益”区块，并通过分录、转账、分类账、试算和调整的流程，最终以特定日期的静态企业情况为指标，将其归结为一份完整的报表。报表的功能包括排除企业内部的错误、明确企业经营方向、避免弊端，还包括为所有阅读者提供以最短时间了解企业经营状况的信息。

（2）现金流量预测表

现金流量预测表是反映未来一定时期内（如月度、季度或年度）企业经营活动、投资活动和筹资活动对其现金及现金等价物所产生影响的财务报表。从现金流量预测表中可以清晰看出未来某个期间（通常是每月或每季）内，创业企业的现金（包含银行存款）增减变动情形。因此，现金流量预测表可用于分析企业有没有足够的现金去应付开销。

（3）财务比率分析

财务比率可用于评估某项投资在不同年份间的回报变化，同时也可用于比较不同行业企业之间在某一特定时间点内存在的差异。通过进行财务比率分析，企业可以有效削减企业规模对收益和风险的影响，从而协助投资者和债权人做出更为合理的决策，也可以实现对不同企业的比较。通常情况下，企业的风险和收益关系可以体现为具体的偿债、营运和盈利等三个方面的能力，我们可以通过偿债能力评估企业何时能够偿还到期债务，可以通过运营能力评估企业对资金的利用效率，可以通过盈利能力评估企业获利的能力。财务比率分析指标包括资产负债率、流动比率、资本报酬率、销售净利率、销售毛利率、应收账款周转天数、行业经营比率、净资产收益率、每股收益、市盈率、股利实得比率、股利支付比率等。

（4）盈亏平衡分析

盈亏平衡分析指的是一种利用盈亏平衡点（Break Even Point，BEP）对项目成本和收益进行平衡关系分析的方法。在实际工作中，投资方案的经济效果会受到多种不确定因素的影响，包括但不限于成本、投资、产品价格、销售量以及项目寿命期等，当这些因素的变化达到特定的临界值时，方案的选择将受到影响。此时，在一定条件下，我们可以认为投资方案具有盈利或亏损两种可能，而这一临界值可由投资者事先估计。盈亏平衡分析的目标在于确定投资方案在面对不确定因素变化时的可承受能力，从而为决策提供可参考的分析信息。

8．创业风险及应对策略

初创企业无疑会在市场、财务、技术及经营等方面遇到各种挑战和威胁，而每一位投资者都对其投资的风险与收益尤为关心，因此在该部分的描述中，要客观描述企业可能遇到的风险，提出相应的预警和防范措施，并确保该措施可行，可以最大限度降低风险，以增强投资者信心。

9．投资说明

以上部分说明了创业者的创业计划，而最后还需说明整个创业计划所需的资金。投资说明部分，主要是对公司目前及未来资金的筹集和使用情况、公司融资方式、融资前后的资本结构等进行说明。

10．附录

附录应包括想要向投资商提供的所有细节信息，它是正文的重要补充。为了保证正文的连接性，该信息无法在正文中详细描述，而该信息对于提高创业计划的说服性，又是必要的。比如，一些表格、个人简历、市场调查结果、相关的辅助证明材料（如专利证明、技术获奖证书、合作意向书、专家推荐函）等。

（三）创业计划书的编写步骤

要写出创业计划书的内容，需要创业者前期的精心准备和构思，以及撰写中的耐心细致、撰写后的认真检查和润色。具体来说，编写创业计划书的步骤如下：

1. 经验学习

由于大学生创业缺乏相关经验，所以在策划创业计划书之前，应该广泛学习创业所需知识，并且深入社会学习和了解创业的实战知识，通过前期社会实践、市场调查、专家访谈等多种方式学习创业知识，掌握相关的创业技能。

2. 创业构思

在掌握相关的创业知识和所需技能的基础上，进一步针对自己所要创办的企业进行深度思考，从一个投资者的角度来考虑自己的创业构思是否合理、可取，以及竞争力如何。比如，可从创业之前的准备、创业中的整个运作、创业后的市场预期和偿债能力预期等多个方面进行考虑，做到对整个项目的运作了然于胸。

3. 市场调研与资料收集

在正式动笔之前，还需要进一步确定市场需求和进行市场前景预测。比如，可利用市场调研的相关方法进行，从而保证创业项目的可行性和可持续性。同时，要着手搜集编写创业计划书过程中可能用到的企业内外部资料。

4. 方案起草

创业计划书正文的撰写，可由创业者集体协商、统一想法后分工进行。第一步，确定创业计划书的编撰目的，了解创业计划书的阅读对象的兴趣点和阅读需求，并草拟创业计划书大纲。第二步，搜集所需的信息资料，根据创业计划书的目录结构，确定所需资料的重点及详细分类，已有的关键信息与缺乏的信息，并对信息进行重新编码和梳理，查漏补缺。第三步，开始撰写创业计划书。要注意按照工作进度计划进行，必要时小组成员需要按照PDCA［计划（Plan）、执行（Do）、检查（Check）、处理（Act）］循环的原则进行讨论、撰写、检查、反馈，以提高撰写质量和提升整体思路。

5. 修改完善

创业计划书撰写完毕，需要进行修改完善的工作。

①反复阅读，修改完善相关内容，做到创业计划书条理清晰、详略得当、突出重点，达到能够说服阅读者的目的。可以请其他未参与创业计划书撰写工作的相关人员阅读创业计划书，然后由其提出相应的反馈意见和建议。

②根据创业计划书的内容，提炼出简短的摘要。摘要的撰写也需反复润色，尽量减少字数，同时又能说明关键问题。

③加入并检查必要的补充材料。按照附录的要求检查必要的辅助材料是否齐

全并具备相当的说服性，并且确保没有多余的材料。如果有必要，要准备一些产品的模型、图片、前期实验报告、试用报告等。

④检查格式。创业计划书要求无错别字，格式上能体现清晰的结构和突出重点。要设计一个漂亮醒目的封面，编写相应的目录与页码，以便后续装订成册。

6．最后的审查

在完成整个创业计划书之后，应该再仔细检查一遍该计划书，确定其是否能够准确回答投资者的疑问，以及争取到投资者对本企业的信心。

（四）创业计划书的考核标准

根据历年大学生创业设计大赛的评分标准，以下简要介绍创业计划书的考核内容和要求。

1．对摘要（执行总结）部分的考核

摘要其实就是创业计划书的缩影，该部分的内容在创业计划书中大约占 5% 的比例。

考核要求：能简明扼要地概括整个计划，不能太过冗长，但又要能体现整个计划的核心内容，让人对整个创业计划书有一个整体性的了解；摘要要个性鲜明、有亮点，具有吸引力，使阅读者产生进一步了解整个创业计划书的强烈想法；摘要要包含有关创业的明确思路和目标，让阅读者一看就大概了解创业项目及发展前景；摘要要体现创业项目的创新性，突出体现创业计划书是创业者的原创并有自身特色，一定要防止直接从网络下载的抄袭行为，要体现创业者确实经过了创业思考和调查研究，确实有创业的设想和行动。

2．对创业项目及产品（服务）介绍部分的考核

在创业计划书考核中，创业项目和产品（服务）这两个部分常结合进行考核，创业项目和产品（服务）介绍是创业计划书的重点内容之一，在创业计划书中大约占 15% 的比例。

考核要求：产品和服务的描述详细、清晰；体现产品和服务技术领先，且适应现有消费水平；对自己的技术发展前景判断合理、准确；突出体现自己的产品服务特点及特色，表明创业项目有较高的商业价值；表明自己的产品服务有市场需求，市场需求分析合理。

3．对创业团队和创业组织部分的考核

创业团队是创业计划书的重点内容之一，在创业计划书中大约占 15% 的比

例；创业组织（公司）也是创业计划书的重要内容，在创业计划书中大约占10%的比例。

考核要求：团队成员具有相关的教育及工作背景，体现创业团队的创业能力；创业团队成员能力互补且分工合理；创业团队成员具有一定的经营管理经验。创业组织（公司）的运营背景与运营现状清晰展示，具备明确而又科学的商业目标；创业组织（公司）的市场定位精准，创业理念、形象设计新颖可行；总体战略目标清晰、合乎情理。组织结构严谨，产权、股权划分适当；组织管理科学，管理制度健全合理。

4. 对市场分析部分的考核

市场分析是创业计划书不可缺少的内容，该部分内容在创业计划书中大约占10%的比例。

考核要求：市场调查分析严密、科学；详细阐明市场容量与趋势；对市场竞争状况及各自优势认识清楚，分析透彻；对市场份额及市场走势预测合理；市场定位准确。

5. 对营销策略部分的考核

营销是创业计划书的重要内容，该部分内容在创业计划书中大约占10%的比例。

考核要求：成本及定价合理；营销渠道通畅；促销方式有效，具有吸引力；有一定创新。

6. 对财务分析部分的考核

财务分析、融资方案、投资回报等内容是创业计划书的核心，在创业计划书中占有较大的比例，一般占20%。

考核要求：财务报表足够清晰、足够有条理，能够有效地呈现财务绩效情况；呈现关键的财务要素、财务衡量标准以及主要的财务报表；财务计划和有关指标能被列出，其合理性和准确性较强；能够呈现资金的构成和数量、投资的回报率、利益的分配方式以及可能的退出方式等方面的信息；需求基于现实，估计较为全面；融资方案很吸引人。

7. 对风险和风险管理部分的考核

风险和风险管理在创业计划书中不可缺少，该部分内容一般占创业计划书10%的比例。

考核要求：对风险和问题认识深刻，估计充分；解决方案合理有效。

8. 对创业计划书整体表述部分的考核

创业计划书的整体表述是创业者综合素质的体现，它体现了创业者的语言文字能力，在创业计划书中占有一定的地位，该部分内容一般占创业计划书 5% 的比例。

考核要求：专业语言运用准确；表述简洁清晰，少有冗余。

第二节 创业企业的设立

一、新创企业的组织形式

（一）企业组织形式分类

企业的组织形态体现了其社会化大生产的本质，包括财产构成、内部分工协作以及与外部社会经济的紧密联系。从历史上看，随着生产力水平和商品经济的不断提高，企业的组织形态经历了由单一到多元再至复合的演变过程。随着企业的发展和企业领导体制、外部环境的演变，企业组织结构形式也在不断变化，从而导致不同类型的企业应运而生。企业组织形式可以通过法律对企业的产权关系做出规定。为了满足市场经济的要求，现代企业的组织形式应当根据其所涉及的财产类型和法律责任进行分类。本文从企业的法律特征出发，对企业的组织形式及其选择问题做初步探讨。在全球范围内，企业通常被划分为个人独资企业、合伙企业和公司制企业三种类型。

1. 个人独资企业

个人独资企业，是一种以独立经营为核心的企业形式，在西方亦被称为“单人业主制”。它呈现出一种独有的特征。该企业为一家由个人独立出资创办的自然人企业，其所有权和控制权均归属于个人，而出资人则享有全部经营收益并承担所有风险。这种企业一般都有自己的名称、组织机构及生产经营活动等，不需要其他任何单位的协助。这一形式已经在国际上得到了广泛的运用和推广。《中华人民共和国公司法》规定，个体工商户可以以独资方式设立企业。该方法的主要长处在于，创建和注销企业的流程简单易行，经营管理相对灵活自由，创始人对企业的债务承担着无限的责任。目前我国有一部分个体工商户已经成为私营企业。

2. 合伙企业

合伙企业是由多位合伙人联合出资共同创立的企业形式。在传统理论上认为，合伙企业由两个以上股东组成的有限责任公司构成。与那些将所有权和管理权分离的企业不同，它也呈现出一种独有的特征。合伙企业内部控制存在的问题是合伙企业缺乏有效的自我约束机制。由于合伙企业内部结构的不稳定性，合伙企业通常呈现出松散的状态，容易出现内部控制方面的问题。因此合伙企业也不同于个人独资企业。通常情况下，合伙企业的组织结构是基于合同或协议而成的，其内部结构相对不稳定，合伙人对整个合伙企业的债务承担着无限的责任。尽管合伙企业不如个人独资企业自由，其决策通常由合伙人集体做出，但它具有一定的企业规模优势。

自然人企业包括个人独资企业和合伙企业，而出资者则承担着企业无限的责任和义务。

3. 公司制企业

公司制企业采用了一种分离所有权和管理权的经营模式，出资者按照出资比例对公司承担有限责任，从而创立了有限责任公司和股份有限公司两种不同类型的企业。

有限责任公司是一种由少数股东联合出资而成的企业，其出资方式通常为两人以上但不超过五十人的股东共同出资，无须将资本划分为等额股份，因此在出售股权时，股东将受到一定的限制。有限责任公司是一种新型组织形式，它与一般的股份公司相比有许多不同之处。在有限责任公司中，只有那些持有各自股份的股东才能对公司的债务承担责任。有限责任公司的债权人以自己所拥有的财产为限对公司债务承担连带清偿责任。由于有限责任公司的董事和高层经理人员通常都是股东，因此所有权和管理权的分离程度不及股份有限公司。由于公司的注册资本是股东投入的资金，所以有限责任公司的资产主要是由股东投入资金形成的资产，而不是由其他形式资金形成的资产。对于中小型企业而言，有限责任公司的财务状况并不需要对外公开，其设立和注销程序相对简单，管理机构也相对简单，因此更具适用性。

所有股份有限公司的注册资本均由等额股份构成，并通过发行股票（或股权证）来实现资本筹集。这种股权结构是一种特殊的企业组织形式。公司的债务责任由股东以其认购的股份份额承担，而公司则以其全部资产为代价。股份有限公司在我国社会主义市场经济中有着重要作用，但也有许多问题需要进一步探讨和解决。作为一种独特的企业组织形式，股份有限公司具备一般企业所具备的基本特征。有限责任制度是现代市场经济国家普遍采用的企业组织形式。股份有限公司本质也是一种有限责任公司。

（二）决定新创企业组织形式的主要因素

企业的作用、地位、性质以及行为方式，都可以从其组织形式中得到体现；规范了企业与员工、企业与企业、企业与政府、企业与债权人、企业与出资人等内外部关系，以确保企业运营的规范性和透明度。企业要生存和发展就必须进行有效的制度创新，而组织形式则是影响这一过程的最重要的决定性因素。新创企业由于处于初创阶段，因此对新环境的适应度不高，而这种适应能力又直接影响着企业未来发展的前景。只有在恰当的组织形式下，企业方能充分激发各方面的积极性，从而使其焕发出蓬勃的生命力和活力。因此，如何正确选择组织形式是一个值得重视的问题。在确定新创企业的组织形式时，必须全面考虑以下多个因素。

1. 税收

在西方发达国家，税收是新创企业的创办人考虑的首要因素。在许多情况下，税收决定着一个新创企业能否生存和发展。多个国家的税法都把对新创企业征税作为一项重要内容。在美国公司法中，税收这一要素被视为具有决定性的影响。公司制企业在经营期间发生亏损时，要按照一定比率向股东扣缴所得税。我国相关法律规定，对于公司制企业和合伙企业而言，其纳税标准应当根据各自的特点和需求进行差异化处理。对于合伙企业，国家只允许股东以自己的名义出资，并按投资比例向投资者缴纳所得税。公司所得税是国家对其营业利润征收的一项税收，随后将税后利润作为股息按比例分配给投资者，而个人投资者则需要缴纳个人所得税；相反，合伙企业则不对其经营所得征收公司税，而是只征收合伙人分享的个人所得税收益。再对比合伙企业和股份有限公司：由于合伙企业仅需缴纳一次个人所得税，而股份有限公司却需额外缴纳一次企业所得税，因此合伙企业在税收方面具有更大的优势；同时合伙企业可以避免因股权分散造成的资本重复征税问题。由于国家的税收优惠政策通常只适用于股份有限公司，因此股份有限公司也有其独特的优势所在。

2. 利润和亏损的承担方式

对于个人独资企业而言，企业主无须将所得利润与他人分享，但是需要独自承担所有风险；对于合伙企业而言，在合伙协议中未明确规定的情况下，所有合伙人将平等分享利润和亏损，并承担相应责任；如果合伙协议中明确约定了合伙期限，则合伙人在合伙期满时可以继续经营，但不得转让合伙财产。对于有限责任公司和股份有限公司而言，其利润的分配是基于股东所持股份的比例和种类，而对于公司的亏损情况，则由各股东根据投资额的大小比例承担相应的责任。

3. 资本和信用的需求程度

通常情况下，合伙企业或有限责任公司的形式适用于那些拥有一定资本但不希望事业规模过大，或者由于各种客观条件的限制而无法扩大规模的投资者；在这种情况下，合伙企业或有限责任公司的经营方式就具有了更多的灵活性。对于那些需要巨额资金并且渴望开展宏大事业的企业而言，采用股份制是一种相当合适的选择；合伙企业或有限责任公司可以采取合股和合伙两种形式。若创始人欲以个人信誉为企业信誉之基石，且无意扩张企业规模，则个人独资模式是其最佳选择。

此外，投资人在选择企业形式时，还必须综合考虑企业的存续期限、投资人的责任范围、企业的控制和管理方式、投资人的权利转让等多种因素。

（三）新创企业组织形式的多元化发展

“适者生存”不仅适用于自然界，同时也适用于存在于社会经济环境中的企业组织。作为一种客观存在，企业组织是随经济社会环境变化而产生并发展起来的。随着企业内外部环境的不断演变，企业的组织形式也在不停经历着新的变革，以适应企业不断发展的需求。传统的企业组织是指由若干具有相对独立功能或职责的职能部门组成的有机整体，其特征主要表现为分工明确、相互联系、相互协作等。随着21世纪的到来，经济全球化和知识经济时代兴起，企业的组织结构形式也随之发生了一系列深刻的变革。

1. 组织重心两极化

随着买家市场的形成和竞争的日益激烈，企业管理的重心逐渐从过去的生产问题转向了新产品的研发和市场销售，这一趋势变得越来越显著。在这一背景下，企业为了提高自身的竞争能力，纷纷进行着各种形式的战略变革。随着时间的流逝，企业的组织结构特征正在经历一场由“橄榄形”向“哑铃形”的形象演变，呈现出一种新的面貌。所谓“橄榄形”企业形态，是指企业以生产为中心，以新产品开发和市场销售为辅助的企业形态，其工作的投入主要在生产过程，即“中间大，两头小”；而“哑铃形”企业形态，则是以企业的新产品开发和市场销售为主，产品生产只是新产品开发的目的和市场销售的前奏，其工作的投入主要在两头，即“两头大，中间小”。

企业组织结构由“橄榄形”向“哑铃形”发生转变的最主要原因是企业市场环境的变化。买方市场形成、技术进步加快、新技术的不断应用等，都使得企业解决生存发展的核心问题由产品的生产问题转变为企业产品创新的速度和市场拓展能力的问题。在传统的大批量生产的工业经济时代，企业竞争取胜的法宝是低成本，而当今和未来企业竞争取胜的关键将逐步转变为快捷的服务和全新的个性化。

2．组织结构扁平化

扁平化的组织结构是相对于传统的“金字塔形”结构而言的。在“金字塔形”结构中，管理信息传递的层次多、速度慢、信息的衰变严重等，已经越来越严重地制约企业管理效率和企业市场竞争能力的提高。随着电子计算机和互联网在企业生产经营中的广泛应用，企业管理信息的收集、整理、传递以及经营控制手段正逐步实现现代化，传统的“金字塔形”组织结构已经无法适应企业经营环境的不断变化。同时，信息技术发展也为企业内部组织结构的改革提供了契机。这些因素直接推动了传统组织结构向更具扁平化层次的组织结构演进。与此同时，信息技术的飞速发展也为企业进行新的组织体制创新提供了技术条件和基础保障。在当今企业组织结构的变革中，加速信息传递、减少中间层次、实现直接控制已经成为一种基本趋势。

3．组织运作柔性化

柔性的概念最初起源于柔性制造系统，描述的是生产系统在面对环境变化时表现出的高度适应性和灵活性。随着科学技术的发展，如今，企业面临着更加复杂的竞争环境，这就要求企业必须具备一定程度的适应能力与灵活应变能力。在企业的组织结构中嵌入柔性的概念，企业组织结构也将会具有适应性与灵活性。从某种意义上讲，企业组织结构的演变过程就是企业适应环境并进行自我更新的过程。显而易见，企业组织结构发生这种变化是因为企业所处的社会经济环境在不断变化。在过去的工业化时代，由于技术进步速度较快，生产要素的投入与配置相对比较容易实现，企业内部各部门之间的联系并不紧密，企业组织结构简单、分散且缺乏弹性。随着新经济时代的到来，企业外部环境发生了翻天覆地的变化，其程度远超工业经济时代，企业的战略目标和组织结构也需要及时做出调整。企业组织结构是企业运行的基础，而它又直接影响企业能否高效地实现战略目标。所以，企业组织结构未来的发展趋势之一就是企业组织运作柔性化。

4. 团队组织形式兴起

所谓团队组织形式，是指由为数不多的团队成员承诺共同的工作目标和任务，并且互相承担责任的一种企业组织形式。这种组织形式多出现在知识型企业中。实践证明，这是一种非常适应企业现代经营环境的组织形式，因此备受赞誉，并被普遍推广采用。第一，团队组织与传统的部门不一样，它是自觉形成的，是为完成共同的任务，建立在自觉的信息共享、横向协调的基础上的；第二，在团队中，没有拥有制度化权利的管理者，团队成员不是专业化人才，而是具有多重技能的人员；第三，团队中员工的分工界限不像传统的组织结构形式那么明确、严格，他们相互协作、彼此激励、共同承担责任。团队组织形式的采用，消除了因目标对立而引起的组织内耗增加，彼此之间的竞争关系转化为共同合作关系，团队成员相互取长补短、支持促进，从而提高了团队效率。团队组织具有的这些积极作用，使它得到了迅速普及和发展。

5. 企业整体形态创新

企业整体形态创新的根本原因是企业高新技术的不断运用以及互联网技术的不断发展。在高新技术，特别是互联网技术的激励下，企业模式正经历着一场深刻的、根本性的大转变。这场变革的结果就是企业内部组织结构的重大变化。如何实现企业组织形态的创新以适应新知识经济时代的要求，已经成为每个管理者所必须面对的严肃课题。

例如，虚拟企业就是企业组织形态创新的一种具体表现，也是企业整体形态创新的一种尝试。所谓虚拟企业，就是在经济全球化、信息化、知识化的大环境下与传统企业相对而言的一种动态网络联盟企业。它最重要的特征是将传统企业固定的、封闭的集权式结构改变为灵活的、开放的网络式结构。这种网络式结构将所有协作伙伴、雇员、外部经销商、供货商和客户以各种不同的合作形式联系在一起，形成一个错综复杂的平面网络，彼此互相依存、紧密合作。虚拟企业是一个没有固定构成的外部化的网络组织，是一个在一定利益条件下靠协议结合成的松散组织，组织各部分的调整皆因企业市场经营环境的变化，容易而且快捷，是一种能够满足当前市场变化快、技术进步快、信息传递快、产品研制开发难度大的现状要求的企业生存发展模式。这种企业可能总部设在美国，在印度编制软件，在德国进行工程设计，而在日本进行制造。每个前哨基地都通过网络进行无缝连接，以使分布广泛的雇员和自由职业者能够同时工作。

（四）新创企业经营场所的选择

1. 经营场所与企业法人住所

企业法人从事主要业务活动和经营活动的场所，被称为经营场所，是企业进行生产、经营和服务的基本前提条件。企业经营规模的确定，需要考虑场所的规模大小，这是一个重要因素。公司主要经营活动的中心场所，即企业法人住所或公司住所，是公司主要办事机构的所在地。企业法人住所和经营场所在法律意义上是有区别的，但就现实来说，企业法人住所和经营场所常常在同一地点。因为法人登记工作是以企业实际经营活动为基础进行的。因此，企业法人住所和经营场所两项是企业法人登记注册的主要事项。

在法律上规定企业法人住所的意义，主要是为了确定以下几项内容：第一，企业法人住所是企业法人独立承担民事责任的必备条件；第二，企业法人住所是确定诉讼管辖的依据；第三，企业法人住所是确定企业登记主管机关管辖的依据，企业登记主管机关对企业的管理首先是地域管辖，企业没有固定住所，国家执法机关就无法对其进行有效的管理；第四，企业法人住所是企业法人从事生产经营活动的必要条件。

需要说明的是，在《中华人民共和国公司法》《中华人民共和国税法》等各种法律制度中，经营场所和企业法人住所在使用上会有所不同。第一,二者的适用范围不同。经营场所可泛指公司、企业的一切经营所使用的场所，明显要比企业法人住所（只准一处固定场所）范围广泛。第二,二者的法律内容不同。经营场所的其中一个中心场所登记为企业法人住所，经营场所可用于所有的日常经营使用；而企业法人住所是具有法定的民事、刑事的权利和义务所指向的。

2. 经营场所选择的影响因素

社区环境是选择经营场所时需要重点考虑的方面。因为创业者在进入一个社区创业前，必须了解它的历史、人口、收入状况、其他的相关企业和商业繁荣程度等，最重要的是要对以下一些因素进行考查。

（1）现有的竞争者

现有企业已经在社区内占有一定的市场份额，赢得了一定的竞争地位，新创企业的加入会瓜分现有企业的市场份额，对其竞争地位构成威胁。因此，现有企业的反应是选择经营场所时需要考虑的重要因素。当然，创业者不应该把社区的其他企业仅仅看成竞争对手，很多情况下他们也可能成为朋友和合作伙伴。

（2）潜在市场的规模

在选择经营场所时要考虑的最重要因素是企业潜在的市场。创业者应该考虑下面几个问题：社区内人们的职业主要是什么？社区内主要是年轻人、中年人还是老年人？社区内人们的生活方式怎样？他们如何度过闲暇时间？该社区有什么特殊需要？顾客到拟创企业购物是否方便？交通流量是否足够大？潜在的顾客群的收入和购买力是否能承受得起创业者所提供的商品和劳务价格？

（3）潜在的竞争者

如果新创企业具有较大的市场潜力，那么除了考虑现有企业的竞争，还必须考虑潜在的竞争因素。主要包括以下问题：社区内还有哪些企业可能提供同样的商品和服务吗？这些企业的实力和竞争能力如何？新创企业能否在社区内取得一席之地并获得生存发展呢？

（4）建筑物和其他费用

在寻找经营场所时，要对附近企业所付的租金和地产进行比较。如果准备租用厂房或店面，需要考虑的因素之一是建筑的自然条件。建筑物是否需要整修？如果需要，整修的费用如何承担？有时创业者可能希望把租约期限定得尽可能短，以防万一经营场所选得不满意可以重新选择新的经营场所。然而，如果企业经营比较成功，签订一个较长时期的合同可能对创业者更为有利。如果准备自建厂房或店面，创业者应该将自建成本与租赁成本进行比较，选择一种成本更低的形式。

3. 企业经营场所选择的依据与策略

当企业选择经营场所时，首先要考虑是租赁还是购买。如果选择购买，对于企业来讲是一种房地产投资。企业经营场所的购买是企业固定资产投资中最重要的活动，因其具有高投入性和长期性，直接影响着企业的财务成本、现金流及股东投资回报率。因此，每一项房地产投资都必须引起企业最高管理者的高度重视，在选择之前一定要慎重考虑。

企业经营场所的租赁或者购买涉及金额巨大，因此无论是购买还是租赁，任何企业都十分关注在这个过程当中遇到的法律问题，如开发商的资信、签订合同的阶段、企业自身利益的保障等。

新创企业选择经营场所时还需要注意以下三点。第一，邻居群体。物业的选择对于企业形象的提升具有积极的影响。置身一个高知名度的邻居群体中，会让人觉得自身也是很好的企业。第二，办公室功能的灵活性。在企业快速成长的情况下，购买办公室时需谨慎考虑，若未来进行扩充，是否可以将现有办公室转型为其他功能场所。第三，历史与文化。企业文化的提升，是打造品牌的基石和渊源所在。

4. 不同类型企业的经营场所选择

不同类型的企业在选择经营场所时遵循的原则不同。

（1）制造型企业厂址的选择

对大多数制造型企业来说，是否靠近顾客并不是关键因素，因为顾客一般不会到企业直接购买。比较重要的是与企业生产成本相关的因素，如企业是否接近原材料供应地点、水电供应情况、运输情况等。如果大部分的原料都来自同一地区，应当考虑是否在该地设厂。同时，对于竞争对手而言，若其与原料产地距离较近，则其是否具有更大的竞争优势，而这种优势与距离顾客较近的竞争对手相比，孰轻孰重。一般来说，对制造型企业而言，接近原料的产地比接近顾客更为重要，如很多大型钢铁公司都选择离铁矿很近的地方建厂。另外，还要考虑原材料供应是否受季节的影响以及未来的供应情况等。

（2）服务型企业经营场所的选择

服务型企业选址考虑最多的因素是目标顾客群的特点，在此基础上再选择一个最适合这类顾客的地点或场所。例如，一般认为，高档饭店最好不要开设在低收入社区；便民连锁店、美容美发店、家用电器维修店有时并不需要开设在商业区，而开设在居民住宅区，可以更方便为顾客服务。

（3）零售型企业经营场所的选择

零售型企业选择经营场所是一个更为复杂的问题，要考虑的因素很多，主要包括以下几方面：

①各种企业的相容性。在一定区域内的不同类型企业之间可以共享顾客，或者同类企业之间相对集聚形成“商圈”，使各企业可以在巨大的客流中受益。例如，人们经常看到一些大型零售商店周围布满了许多饭店、美容美发店、冷饮店等，因为大型零售商店巨大的客流量往往会为它们带来很多生意。即便是那些从事同类商品销售的竞争企业，如果它们所销售的产品在形式、种类和价格上存在差异，也能够通过综合的吸引力来吸引更多的顾客。

②房租或地产成本。不论营业的建筑设施是租用的还是自有的，企业均需支

付房租或地产成本。房屋资产的折旧、原始投资利息、维修费用、保险费以及税收等，均需从个人所有的房产中提取。地产成本通常从商业中心到边缘地带逐渐降低。一般来说，广告成本从商业中心到边缘地带逐渐提高。商业中心所在的企业无须耗费过多广告费用即可吸引顾客，而距离市中心较远的企业则需要投入大量资金以吸引顾客。由于位于黄金地段，一些高度专业化的零售企业能够分享大型企业的客户，从而获得更高的利润，而其广告成本却极为低廉。

国外针对消费者的调查资料对于企业经营场所的选择具有借鉴作用。例如，与大交易量企业在同侧比在这类企业对面要好；位于气候稳定一侧比气候多变一侧要好；位于下午阴凉一侧比酷热一侧要好；位于车流稀少一侧比车流密集一侧要好；位于行人多的一侧比行人少的一侧好；位于人口增速快的一侧比人口增速慢的一侧要好。有的研究者认为，零售型和服务型企业选址时，宁可位于街道较有利的一边的底端，也不要位于另外一边。因为步行者一般不会因对面商店的装潢很吸引人而绕到马路对面去购物。同时，商店坐落于中央街道的右侧，或者坐落于下班人群经过的道路上，这无疑是一个极具吸引力的位置。

二、企业登记注册过程

企业登记注册是创办企业的法定程序，主要包括工商登记注册、税务登记、银行开户、其他相关手续等。

（一）工商登记注册

在办理工商登记注册时，创业者应该仔细阅读有关要求，熟悉基本的办事程序，按照工商行政管理机关提供的办事程序和要求，完成登记注册手续。

1. 企业登记注册的步骤

企业登记注册，一般要经过申请和受理、审查和核准以及颁发执照和发布公告三个步骤。

（1）申请和受理

申请是创业者的主动行为。在正式申请前，可以到工商行政管理局向有关人员了解申请的程序，认真听取有关要求。申请开业需要填写开业申请登记表或开业登记注册书，还要填写有关人员履历表。要如实填写拟定的企业名称和银行开设的临时账号，如果企业的注册资本达到一定的规模，要出具会计师或审计师事务所的验资证明，同时还要出具有关行业管理部门的经营许可证等。

受理是指登记主管机关接受创业者正式登记申请的过程。受理登记需要申请者缴纳一定的费用。对于证件、文件不全的申请，登记主管机关会确认为无效申请，不予受理。申请人可以说明自己的准备情况，请求帮助和理解。登记主管机关需要讲清申请材料中缺乏的项目，以便申请人补充。

（2）审查和核准

工商行政管理机关是注册审批工作中至关重要的一环，它承担着审查的责任，确保注册审批的顺利进行。注册分局或各区工商分局要审查申请者提交的申请书和各种文件，确认是否符合程序，提交的批准文件或资格证明材料是否完备，审查核实申请登记的企业是否具备企业登记条件，企业登记主要事项是否属实，生产经营项目是否符合国家的有关规定等。审查的另外一项内容是经营场地调查。申办企业的场地调查由工商局注册分局企管科负责。在审查过程中，工商机关可以提醒和帮助申请者补齐各种要求的文件。对于文件不具备的申请者，说明理由，驳回申请。经过审查，工商行政机关在规定的时间内做出核准登记或不予核准登记的决定。

（3）颁发执照和发布公告

在审查核准的基础上，工商行政管理机关填写企业法人营业执照，颁发给符合条件的申请者。创业者经过核准登记，领到营业执照，就表示企业已经取得了合法的经营地位，同时也取得了名称专用权和生产经营权，其正当经营、合法权益和资产受法律保护。登记管理机关还要发布登记公告，将核准登记的企业，通过报刊、电台等新闻媒体，向社会公开发布。开业登记公告的内容包括企业名称、住所、法定代表人、经济性质、企业类别、注册资金、经营方式、经营范围、注册号等。

2. 企业登记注册的内容

企业登记注册的主要内容包括企业名称、企业负责人姓名、经营场所、企业种类、注册资金、经营范围、经营方式、从业人员和雇工人数等。

（1）企业名称

初步拟定新创企业的名称后，企业主要到当地的工商局注册分局查询，确定自己拟定的名称是否为已注册状态。若是已经注册的，则要进行必要的重新核准。这个程序称为“名称查重”。企业名称的核准登记是一项重要工作。根据国家有关法律规定，企业名称具有专用性和排他性，一旦成功注册登记，在规定的范围内企业主对其享有专用权，受法律保护，其他单位或个人不得混用盗用。

（2）企业负责人姓名

办理工商注册，填写企业负责人姓名时必须使用真名，不得使用别名或假名。按照规定，个人独资企业的负责人是投资者本人；合伙企业的负责人是由全体合伙成员推举的负责人；有限责任公司负责人则是全体股东或股东代表大会选举产生的公司董事长或总经理。

（3）经营场所

经营场所应按要求如实填写和报告。经营场所如果属于创业者的物业，在申请时应该出具房产证明；如果属于租用，要出具租赁合同，并同时出具出租方的房屋租赁许可证。

（4）企业种类

企业可分为个人独资企业、合伙企业和有限责任公司三种类型。

（5）注册资金

企业的注册资本由其自有的固定资本和流动资金所构成，这两部分共同构成了企业的资本结构。企业的生产经营能力和规模可以通过货币表现来反映，这也是企业财产的一种体现。企业在注册之前，先要在银行开设临时账号，然后寻找一家合法的会计师或审计师事务所来为自己验资，并出具验资报告。关于验资收费，国家有统一的标准规定。

（6）经营范围

企业的经营范围涵盖了其所生产经营的各类商品和服务项目。为了便于对各种业务活动进行有效组织与指导，必须明确企业业务范围。根据企业生产经营的商品类别和服务项目在企业中所占比例，经营范围分为主营项目和兼营项目两类。经工商行政管理机关核准登记的经营范围是法定经营范围，企业不得擅自超越。如果企业在实际经济活动中超越核准登记的经营范围，就属非法经营。

（7）经营方式

经营方式主要包括自产自销、代购代销、来料加工、商品批发、商品零售、批零兼营、客货运输、储运、装卸、咨询服务等。

（8）从业人员和雇工人数

从业人员是指企业中的全体生产经营人员。雇工人数是指除企业投资者外的企业生产经营人员。

工商行政管理机关自收到申请人提交的符合有关规定的全部文件起正式受理，在 30 日内做出审核决定并反馈给申请人。工商部门对申请人的申请进行审查后作出批准或不同意的书面答复，并将该结果通知被核准登记的企业及其主管部门。企业成立日期为企业营业执照签发日期。营业执照有正本与副本之分。正本为悬挂式，用于企业亮证经营；副本为纸质文件形式，供创业者查阅使用。该副本为折叠式，用于携带外出进行经营活动，创业者可以根据实际需要，申请领取所需本数。创业者凭营业执照可以刻制图章、开立银行账户、签订合同等，进行经营活动，符合规定条件的可以申请贷款。

注册登记后，企业如要改变企业名称、法定代表人、住所、注册资金、经济性质、经营场所、经营范围、经营方式、经营期限、增设或者撤销分支机构等，都应向登记主管机关申请办理变更登记。

另外，企业歇业、被撤销、破产或者因其他原因终止营业，应当向登记主管机关申请办理注销登记。

（二）税务登记

创业者领取营业执照之后，应按照《中华人民共和国税务征收管理法》进行税务登记。根据《中华人民共和国税务征收管理法》的规定，税务登记分为开业税务登记、变更税务登记、注销税务登记和停业、复业登记。创业者创办企业时，要进行开业税务登记。

1．纳税人种类

创业者首先应明确自己属于何种纳税人。需要办理开业税务登记的纳税人主要分为以下两类

①领取营业执照从事生产经营活动的纳税人。这部分纳税人涵盖了从事生产经营活动的私营企业、集体企业、国有企业、中外合资合作企业、外商独资企业以及各种联营、联合、股份制企业等，此外还包括企业在外地设立的分支机构和从事生产经营活动的场所，以及个体工商户，从事生产经营活动的机关团体、部队、学校和其他事业单位等。

②不从事生产经营活动，但依法承担纳税义务的单位和个人。特别注意，总机构应当负责对企业在外地设立的分支机构和从事生产经营活动的场所的税务登记进行统一处理。

2．办税的步骤

办税主要步骤包括办理税务登记、办理纳税申报、办理税款缴纳等。

（1）办理税务登记

纳税人的开业、变动、歇业以及生产经营范围的变化，需要经过税务机关进

行法定登记，这是一项管理制度，即税务登记。纳税人自领取营业执照之日起30日内，按照规定需要持有关证件向税务机关申报办理税务登记。新创企业申办税务登记时，纳税人应先持营业执照到技术监督部门申领组织机构代码，这是办税的必要材料。办理税务登记的具体步骤如下：

①在规定的时限内，纳税人需携带营业执照，向地方税务局税务登记分局递交税务登记申请，并领取三份税务登记表。

②纳税人按要求如实填写税务登记表，准确标明企业或个人所在地位置，加盖印章后连同有关证件、资料递交至税务登记分局。

③纳税人提交的税务登记表、工商营业执照和有关证件资料，经过税务登记分局的审核，只有符合规定要求的才可准予登记，并发给纳税人税务登记证或注册税务登记证。自收到申报之日起30日内，税务机关有责任对其进行审核并颁发税务登记证件，以确保其合法性和规范性。

（2）办理纳税申报

在取得税务登记证或注册税务登记证之日起的15日内，无论经济性质或隶属关系如何，纳税人均应按照属地征收的原则，前往主管征收分局进行纳税申报。无论纳税人是否有经营和收入所得，是否发生应纳税款，均应根据经营范围和经营项目的实际收入，按照适用的税种、税目和税率向主管征收分局（所）提交纳税申报表、财务会计报表以及税务机关根据实际需要要求提交的其他证件和资料。

税款的征收（缴纳）方式因企业规模和经营方式的不同而异，包括自报自缴、自核自缴、查验征收、查账征收、代收代缴、代扣代缴、委托代征、代征、数据电文、邮寄申报等多种方式。

（3）办理税款缴纳

根据规定，纳税人应在指定的多家银行中挑选一家市内可实现本行计算机联网的银行，设立纳税账户，并与其签署委托银行划转税款协议书，随后将开户银行及账户提交至主管征收分局征收科（所）。每次办理纳税申报前，应确保纳税账户余额不少于本期应纳税款。已在银行开设纳税账户的纳税人，只需在征收分局规定的期限内通过上门申报或邮寄、电子邮件、传真等方式将纳税申报表及其他相关资料报送征收分局，后续由征收分局通知纳税人开设纳税账户的银行，将纳税人本期应纳税金划入国库，并将税票反馈给纳税人。个人所得税纳税人到居住所在地的征收分局办理缴税手续。

3. 办税的内容

（1）营业税

营业税是对我国境内提供应税劳务及销售不动产、转让无形资产的单位和个人，就其营业额征收的一种税。金融保险业、邮电通信业、交通运输业、文化体育业、娱乐业、建筑业、服务业等税收征收范围的劳务都属于应税劳务。营业税的特点是税源广泛，税负较轻，按行业、类别征收。

（2）增值税

增值税是一种流转税，适用于在我国境内销售货物或提供加工、修理修配劳务以及进口货物的单位和个人，就其取得的货物或应税劳务销售额以及进口货物金额进行计税，并实行税款抵扣制。企业的产品销售额扣除该产品所耗费的原材料、燃料、动力、包装、加工以及其他费用后的余额，就是增值税纳税部分。

（3）消费税

在我国境内生产、委托加工和进口特定消费品的企业都要缴纳消费税。特定消费品包括烟、酒、鞭炮、贵重首饰等。

（4）企业所得税

企业所得税是对企业生产经营所得征收的一种税。企业在每个纳税年度的收入总额中，扣除成本、费用、营业外支出、所得税前列支税金后的余额为应纳税所得额，再乘以一定的税率即为企业所得税。

（5）印花税

在经济活动和经济交往中书立、使用、领受凭证的企业，需要缴纳印花税。凡在我国境内书立、领受印花税条例列举凭证的单位和个人都是印花税的纳税人，包括立合同人、立账簿人、立据人和受领人。

企业需要缴纳的税种还有城市维护建设税、城镇土地使用税、房产税、耕地占有税等。

4. 税务登记的内容

（1）登记内容

纳税人应按规定如实填写税务登记表。其主要内容如下：

①企业名称、法定代表人或业主姓名及其居民身份证或者其他合法证件的号码。企业名称应填写全称，不得省略。

②住所、经营地点。应按照企业详细地址填写，确保真实有效。

③经济性质。应按照企业所属性质填写。

④企业形式、核算方式。核算方式有三种情况，分为独立核算、联营、分支机构。

⑤生产经营范围、经营方式。经营范围应按照工商行政管理部门批准的自产自销、修配、加工修理、批发、代销、委托收购、批零兼营、零售及服务项目等填写。

⑥注册资金、投资总额、开户银行及账号。

⑦生产经营期限、从业人数、营业执照号码。其中，生产经营期限按主管部门批准的期限登记，从业人数按在册人数填写，营业执照号码按工商机关核发的执照号填写，一般还要填写发证日期。

⑨财务负责人、办税人员。财务负责人应填写企业财务主要负责人的姓名、职业；办税人员一栏应填写纳税人指定办税人员的姓名和职务。

（2）登记所需资料

在提交税务登记表以申请办理税务登记时，需根据具体情况携带相应的证件和资料，以确保信息的准确性和完整性。其主要材料包括：公司营业执照的原件及复印件，与合同、章程、协议书相关的复印件，银行基本存款账户开户卡的复印件，法人代表或业主的居民身份证的原件及复印件，技术监督部门颁发的组织机构代码证书的复印件，以及企业自有房产证明或租赁房屋证明的复印件。

若在获得营业执照后超过 30 天才进行税务登记，则需提供工商机关开具的“办理工商执照工本费收据”原件和复印件。经过资料审核，税务登记分局批准符合条件的申请人进行登记，并颁发相应的税务登记证件。税务登记证件分为两类：税务登记证及其副本，注册税务登记证及其副本。

税务登记证件用于书面证明纳税人履行了纳税义务，其仅限于纳税人本人使用。税务登记证件不得转借、涂改、损毁、买卖或者伪造。纳税人凭税务登记证件可申报办理减税、免税、退税、补税、领购发票、外出经营活动税收管理证明以及税务机关登记的其他有关税务事项等。

5. 纳税申报的内容

（1）申报类型

根据《中华人民共和国税收征收管理法》及《中华人民共和国税收征收管理法实施细则》的规定，纳税申报实行全面纳税申报，即纳税人从办理税务登记起，不论有无经营收入、是否亏损或者享受减免税，都应在规定的申报期限内办理纳税申报。全面纳税申报的类型包括正常申报、减免申报、零申报、定期定额申报、延期申报等。

（2）申报内容

纳税申报一般包括报送纳税申报表、企业财务会计报表和报送有关纳税资料。纳税人应在税法规定或税务机关核定的期限内，填报纳税申报表或者代扣代缴、代收代缴税款报告表。纳税申报表的主要内容包括税种，税目，应纳税项目或者应代扣代缴、代收代缴税款项目，计税依据，扣除项目及标准，适用税率或者单位税额，应退税项目及税额，应减免税项目及税额，应纳税额或者应代扣代缴、代收代缴税额，延期缴纳税款，税款所属期限，欠税，滞纳金等。

（3）申报所需资料

纳税人在填写纳税申报表时，一定要如实填写，计算数据要准确，填写项目要完整，递交手续要完备，填写报送要及时。纳税人在办理纳税申报时，不仅要如实填写纳税申报表，而且要根据不同情况相应报送下列有关证件、资料。

①财务会计报表及其说明材料。

②与纳税有关的合同、协议书及凭证。

③税控装置的电子报税资料。

④外出经营活动税收管理证明和异地完税凭证。

⑤境内或者境外公证机构出具的有关证明文件。

⑥税务机关规定应当报送的其他有关证件、资料。

在代扣代缴、代收代缴税款的过程中，扣缴义务人需要如实填写税款表，并提交符合税务机关规定的合法凭证、相关证件和材料。

（三）银行开户

银行账户是客户在银行开立的各种存款、贷款、结算等账户的总称，是办理信贷、结算、汇兑和现金收付业务的工具，它可以连续、系统地记录各个会计科目所反映的经济业务内容。银行账户包括基本账户、一般账户、专用账户、临时账户等。

1. 基本账户

企业日常转账结算和现金收付所需的账户，被称为基本账户。现金的支取，包括企业工资、奖金等，必须通过基本账户进行办理。每一家企业仅能开立一个基本账户，不得进行多个基本账户的开立。中国人民银行在当地分支机构核发开户许可制度，以确保在银行开立基本账户。

申请开设基本账户的企业，必须是已经在工商行政管理机关注册登记，并已取得营业执照，实行独立经济核算的企业。企业申请开立基本账户，要凭当地工商行政管理机关核发的企业法人营业执照或营业执照、机构代码、法人身份证到当地银行领取开户许可证。向银行提交开户申请书，在申请书上应写明企业全称、地址、性质、经营业务范围和申请开立账户的种类，同时提交开户规定的证件，提交印鉴卡片。银行同意企业的开户申请后，企业要填写印鉴卡。申请企业要详细填写企业全称、开立账户、企业地址，企业负责人和财会人员名称，同时，印鉴卡片上必须盖预留银行印鉴，包括单位财务公章、财务负责人印章及出纳人员印章三个印章，并在印鉴卡的背面加盖单位公章，同时注明盖几枚章方为有效。账户启用日期等项目在单位送交印鉴时由银行填写，并告诉企业财务经办人员。各企业开户后要存入一定数量的存款，并陆续办理结算、汇兑、取款等业务，为此应向银行领取或购买各种空白业务凭证。银行与开户单位事先约定的印鉴卡，是一种具有法律效力的付款依据，银行在为单位办理结算业务时，需要凭借开户单位在印鉴卡片上预留的印鉴，对支付凭证的真实性进行审核。

2. 一般账户

一般账户是指存款人在基本账户以外的银行借款转存，与基本账户的存款人不在同一地点的附属非独立核算单位开立的账户。存款人可以通过本账户办理转账结算和现金缴存，但不能办理现金支取。企业申请开立一般存款账户时，应填制开户申请书，提供相应的证明文件，递交盖有存款人印章的印鉴卡片，经银行审核同意后，即可开立一般账户。

3. 专用账户

专用账户是指企业为满足特定用途需要而开立的账户。一般来说，企业都开设有纳税专用账户。企业申请开立纳税专用账户时，应填写开户申请书，提供税务登记证件及相关材料，递交盖有存款人印章的印鉴卡片，银行审批同意后为企业开设专用账户。

4. 临时账户

临时账户是指企业因临时经营活动需要而开立的账户。企业可以通过临时账户办理转账结算或根据国家现金管理规定办理现金收付。企业申请开立临时存款账户时，应填制开户申请书，提供临时执照等相应的证明文件，送交盖有存款人印章的印鉴卡片，经银行审核同意后，即可开立此账户。

创业者在银行开立账户后，在使用账户前，应注意先了解一下必须遵守的事项：银行账户只供本企业使用，不得出租、出借或转让给其他单位或个人使用；不得签发空头支票；保证账户内用来支付的资金充足；保证多种收支凭证真实可靠；如实填写款项来源和用途；不得利用账户搞非法活动；要及时记账，定期与银行核对账单，处理错误账单。

（四）其他相关手续

创业者创办企业，除了需要办理以上手续，还需要办理的其他相关手续有用工手续、供水申请以及用电申请等。

1．用工手续

创业者招募人员要规范，应办理相应的劳动用工手续。办理劳动用工手续时，应注意以下几点：

①向劳动部门出示营业执照正本或副本并附复印件，申请招募人员；

②填写劳务工就业证、暂住人口登记表、办理劳动用工手续统计表等。

③缴纳暂住人口管理费，按劳务工人数和上岗时间计算。

④招用劳务工时要注意，所招收的劳务工应该符合法律规定，不得使用未满16周岁的童工。

2．供水申请

申请供水要去当地自来水公司填写并提交用水申请书。用水申请书的主要内容包括用户名称、营业执照号码、用水地址、表后给水设计单位、表后给水安装单位、工程性质、用水性质、建筑层数、建筑总面积及户数、用水量等。一般情况下，凡供水管理所及的地区，用水申请都可得到批复。表前给水管必须由当地供水公司派专业队伍负责设计、报建、施工；表后水管工程必须经供水部门审批后，方能委托其他有给水施工资质的单位施工。

3．用电申请

申请用电要去当地电力部门填写并提交用电申请书。用电申请书的主要内容包括用户名称、用电地址、所属行业、申请属性、经营性质、用电性质、申报用电设备清单、用电说明等事项。申请时，要带申请人居民身份证。用电批复后，用户要缴纳全部增容费用；室外线路由电力部门统一安装施工并结算费用；室内线路由用户自己安排持有省级电力设施安装许可证的单位安装施工并结算费用。室内线路工程的设计资料送审、开工登记、申请验收及竣工报装均由承装单位统一办理。室外线路完工以及室内线路完工并被验收后，电力部门合闸送电。

第三节 创业企业管理

一、创业企业人力资源管理

人力资源是企业最具影响力、最具活力的因素，对于刚创办的企业而言，由于各方面资源极为有限，人才对于企业而言更加珍贵。对人力资源进行合理的开发与利用不仅关系到初创企业是否能度过初创期，也是企业进一步发展壮大的基础。

创业企业人力资源管理的内容主要包括人力资源规划、人力资源招聘、绩效评价、职业生涯规划等。

（一）人力资源规划

1. 人力资源规划的含义及意义

（1）人力资源规划的含义

人力资源规划是指根据企业总体战略规则，分析新企业行业环境中人力资源的供给与需求状况，制定必要的政策和措施，以确保有适当数量的职位人选承担企业的工作，使得人与岗位相互匹配的过程。

（2）人力资源规划的意义

①确保企业能够及时了解人力资源管理方面的变化，以便及时采取相应措施。企业的生存和发展与其所拥有的人力资源息息相关，任何企业经营活动中的变化都可能对其产生影响，若人力资源无法适应这种变化，则企业的目标将难以实现。人力资源规划要能够预见企业变革所带来的人力资源需求的变化，帮助企业提前做好充分的准备工作。

②使企业预见未来的潜在问题。对于一个不断演变的企业而言，实现人力资源需求和供给的自动平衡是一项艰巨的任务。人力资源规划通过对企业变化进行深入分析，预测人力资源的供需差异，及时预见未来可能出现的人力资源短缺或过剩的潜在问题，并及时采取相应措施进行调整。

③有助于企业获得优秀的人力资源。通过制订人力资源规划，企业能够识别出其所面临的人才短缺问题，并制定相应的员工发展和薪酬政策，以吸引和留住所需的人才资源。有效的人力资源规划不仅可以激发员工的积极性，还可以提高

他们的工作表现。只有在进行人力资源规划的前提下，员工才能够洞察自身的职业发展前景，从而积极主动地争取机会。有效的人力资源规划可以为员工提供职业生涯规划和职业发展指导，从而促进其未来的职业发展。

④使企业充分有效地利用人力资源。人力资源规划既能为企业的发展提供足量且高质量的人力资源，又能节省人力资源，最大限度节约人力成本。人力资源规划也是人员招聘和员工安置的重要依据，它能够高效利用每一个人力资源，将员工安置在适合的岗位。

⑤使员工能够适应不断变化的环境。人力资源规划不仅为员工招聘提供了信息，也为员工培训提供了信息。在快速变化的环境下，仅依靠外部招聘的办法很难解决企业遇到的所有人力资源短缺的问题，在企业快速发展的情况下，下一阶段的发展对员工的知识技能提出了哪些新的要求、现有的员工能否满足这些要求、企业应该为员工提供哪些培训等，这些问题通过人力资源规划都可以得到很好的解决。员工培训不仅能提高员工个人的知识技能水平、加强工作适应性，也能满足企业对人力资源新的需要。

2. 人力资源规划的程序

（1）收集有关信息资料

人力资源规划的信息分为企业内部信息和企业外部环境信息。企业内部信息主要包括企业的战略计划和战术计划、企业各部门的计划、行动方案、人力资源现状等。企业外部环境信息主要包括宏观经济形势和行业经济形势、技术的发展情况、劳动力市场、人口和社会发展趋势、行业的竞争性、政府的有关政策等。

（2）人力资源需求预测

人力资源需求预测包括短期预测和长期预测、总量预测和各个岗位需求预测。人力资源需求预测的典型步骤如下：①现实人力资源需求预测；②未来人力资源需求预测；③未来人力资源流失情况预测；④得出人力资源需求预测结果。

（3）人力资源供给预测

人力资源供给预测包括企业内部供给预测和企业外部供给预测。人力资源供给预测的典型步骤如下：①内部人力资源供给预测；②外部人力资源供给预测；③将企业内部人力资源供给预测数据和企业外部人力资源供给预测数据汇总，得出企业人力资源供给总体数据。

（4）确定人力资源净需求

人力资源规划基于对员工未来需求和供给的预测数据，对本企业的人力资源需求进行预测，并将其与同期内企业自身可供给的人力资源预测数进行对比分析，从而测算出对各类人员的净需求数。净需求数的计算需要综合考虑人员数量、素质和结构等多个因素，以实现数量和质量的完美匹配。

（二）人力资源招聘

1. 招聘工作存在的问题

（1）招聘工作具有盲目性

譬如有一家企业招聘广告上写着招聘项目经理、营销经理、人力资源部经理、×× 技术人员等职位及其大概要求。

该企业目前正处于初创阶段，其战略定位和部门设置尚未明确，因此在招聘人员时，只能将所有经理视为行政管理人员，一并进行考核录用；对于 ×× 技术人员的数量和技术要求，缺乏明确的计划和规划。这些问题导致了许多公司虽然经过多次招聘但始终不能得到满意的结果。这样的人才招聘方式显然缺乏明确的目标和明确的引才策略，只是一种毫无头绪的人才招募方式。

（2）选聘缺乏标准

如果企业的决策者缺乏对所需招聘人员的标准和素质的全面了解，那么他们将无法找到最适合的人选。他们往往根据自己的主观愿望和印象进行取舍，并没有把应聘者与岗位实际情况结合起来考虑问题。有些决策者仅凭借自身的经验和想象来判断应聘者是否适合某一职位，然后对其进行考察、询问和验证，只有符合条件的应聘者才会被录用，反之则被排除在外。有一些创业者在挑选员工时只注重其个人品质与技能，而忽视了对应聘者综合素质的评估，结果造成企业人力资源管理效率低。这表明，这些初创企业的决策者在人才招聘方面仍存在不足。

（3）面试安排缺乏科学性

有一个高科技企业拥有超过 150 名应聘者，覆盖了四五个不同的职位。在这个竞争激烈的行业里，每个人都希望能尽快找到适合自己的工作。然而，当面对如此众多的求职者时，企业的决策者却希望通过一个上午的时间让他们决出高低。可以想象，即使采用十人一组的集体面试，完成任务仍然需要一个上午的时间。可能这些应聘者中不乏一些素质高、能力强、工作积极努力的人。但所有参加面试的人都感到头晕目眩，而排在后面的选手则在焦急不安的心情中等待数小时之久。

由于企业未对所收集的档案资料进行仔细筛选，无论应聘者是否存在明显不符合要求的因素，都会被告知面试，这导致双方时间和精力的浪费。此外，对于那些应聘人数众多、岗位分类明显的人，企业并未分别安排不同的面试时间或由不同的面试考官分组进行，而是将所有岗位和人员集中在一起进行面试，这导致出现人员拥挤、面试低效的情况，同时也难以保证面试的质量。

（4）对落选者处理不当

所有求职者皆为对本企业抱有浓厚兴趣之人，而有些人则对本企业整体或某些方面抱有极高的期望，渴望加入我们的团队。他们有一个共同特点就是具有强烈的进取心和事业心，愿意为自己今后事业的发展做出贡献。因此，无论他们是否加入本企业，都将成为企业的一笔珍贵财富，企业应该高度重视并善加利用。然而，我们观察到这些企业在招聘过程中并未表现出对应聘者的感激之情，反而将落选者视为无用之物，随意抛弃。在这样的情况下，就很容易造成人才流失。有些企业未能恰当地把握招聘会的宣传时机，也未能妥善保存落选者的相关资料于档案之中。还有一些企业在招聘时只是看一眼就决定了取舍。这些决策者或许会认为，人才的数量是相当可观的。实则，他们所见仅限于眼前，未见未来之景。落选者在求职时缺乏对自己的了解和认识，往往会选择一些与本企业无关的专业，甚至是一些非专业性的行业来应聘。因此，我们应该以礼相待，善加利用对本企业抱有浓厚兴趣的人，推广企业文化，树立企业形象。

（5）对经验与学历存在片面认识

对于初创企业而言，由于缺乏足够的知名度，那些拥有实际工作经验的优秀人才并不太可能选择初创企业；此外，由于企业经济实力的不足，初创企业无法提供具有竞争力的薪酬福利以吸引人才。在这些条件下，如果一个初创企业想要获得发展机会，必须从自身做起，不断提高自身的素质和能力。初创企业难以吸引到那些具备实际工作经验的杰出人才，同时人才市场也不可能提供足够的实际工作经验人才供其自由选择。因此，企业的管理者在招聘人员时往往是以牺牲自己公司现有员工为代价来招揽优秀人才，这样做虽然能留住部分人才，但却失去了很多宝贵的人才资源。这种过于追求短期利益的人事策略导致企业与那些拥有高学历、潜力无限、具备开拓创新能力的人失去了联系。

2. 招聘策略

（1）做好工作分析，确定人员素质要求

企业应根据人力资源规划，对各个部门、各个岗位的工作内容、责任、目标、职务等进行具体分析，主要包括以下几方面内容：

①工作描述：涵盖职务名称、工作活动和工作程序、工作条件和物理环境以及社会环境等多个方面。

②聘用条件：包括但不限于工作时数、薪酬构成、薪酬支付方式、福利待遇、该职位在组织中的正式位置、晋升机会、季节性工作安排以及进修机会等方面。

③工作说明：职务要求，涵盖了年龄、性别、学历、工作经验等多个方面的基本要求；专业要求，包括专业知识、专业技能和综合素质等方面的要求；生理要求，包括身体健康状况、身体素质水平以及视觉感知的敏感度等方面的要求；对于心理方面的要求，包括但不限于观察能力、记忆能力、理解能力、创造性、性格、气质、兴趣爱好、态度、事业心、合作性以及领导能力等多个方面的要求。通过明确具体的工作分析，企业对各类人员素质的要求变得十分明晰。

（2）确定招聘渠道，发布招聘信息

企业在选择招聘渠道时，应根据拟招人员的素质要求、急切程度以及人力资源供给情况等多方面因素进行灵活考虑，主要渠道包括但不限于以下几个方面：

①校园招聘：该平台适用于招募那些非迫切需要、对经验要求不高、具有战略储备的人才。

②人才市场招聘：它适合招聘急需、有经验、不同层次的人员。

③报纸杂志广告招聘：针对初级、高级或专业型人才的招聘，由于其难以掌控招聘进度和预测应聘人数，因此仅适用于那些非急需的人才。

针对我国现状，初创企业可考虑采用人才市场招聘和报纸杂志广告招聘相结合的方式，有针对性地在校园内展开招聘活动，同时可以借助熟人介绍、委托猎头公司招聘以及长期从事求职者登记工作等多种手段，以满足企业的需求。

为了满足企业不同的发展阶段和需求状况，我们需要灵活选择招聘渠道，并在适当的时候发布招聘信息，以确保招聘的及时性和有效性。招聘信息应当包含岗位职务及要求，报名登记的时间、地点、方式，以及必备资料、证件等。

（3）组织实施招聘登记，积极宣传企业文化

企业在进行招聘时，必须先进行岗位和职务的分类，并准备好相应的报名登记表，该表格的内容应根据工作分析的具体事项进行精心设计。同时企业也可以通过网络或其他途径向社会发布有关招聘信息，以使应聘者了解到更多的信息，从而达到提高应聘效率的目的。在进行具体的报名登记时，企业应积极收集求职者的相关资料信息，以建立自己的人才信息库，为企业的发展注入更多的活力，同时也可以根据实际情况，灵活制订一些适合本企业发展需要的招聘计划。在招

聘过程中，企业必须注重宣传推广，特别是在大型人才交流会、校园招聘会等公开招聘场合，应向所有对本企业感兴趣的人发放精心准备的宣传资料，这是至关重要的。

宣传资料的内容应当涵盖企业的性质、战略发展方向、业务范围、部门和岗位的设置、员工的物质文化待遇、生活环境、职位晋升机会、详细地址以及人事部的联系方式等方面。招聘工作必须建立在科学准确的基础上，做到有的放矢。

（4）组织面试，礼退落选人员

在获得充足的报名登记资料后，企业人事部门或企业决策者应当对每一份资料进行仔细的审阅和初步筛选，以筛选出明显不符合要求的候选人，并最终确定合适的面试人员。如果有必要，还可以与求职者联系，了解其简历和工作情况。接下来，企业人事专员将提供多种形式的通知，包括电话、信函、电子邮件等，以告知当事人面试的时间和地点。

面试的方式多种多样，包括面谈、书面考试、人机交互等多种形式。书面考试是一种高效且有效的方式，因为它可以根据不同的职位需求设计不同的考卷内容，同时评估应聘者对社会经济信息、专业知识和技能等方面的了解和掌握程度，并从答卷中分析应试者的文化素养、心理素质以及工作态度等方面。在笔试结束后，还可通过阅卷来进一步考查考生综合素质及业务能力。因此，采用书面考试的方式，可以实现不同职位、不同企业的人员同时参加，从而节省了面试时间，同时也提高了面试质量。在面试人数较少的情况下，采用面对面的交流方式，可以有效地减少复试所带来的麻烦。

在结束面试的过程中，需要特别留意并妥善处理多个问题。在应聘者数量有限且时间紧迫的情况下，企业人事专员可以安排他们等待最终结果，以便在短时间内进行面试并得出结论。在面试过程中，务必要精心准备，不能对求职者漠不关心。借此机缘，企业人事专员可以进一步推广和介绍企业文化，与求职者进行情感交流和互动。在揭晓面试结果后，企业人事专员应该向那些未能成功的候选人表达感激之情，希望他们能够继续关注本企业，并表示以后一旦有机会，将再次邀请他们加入本企业团队，共同开创事业。对于那些经济实力雄厚的企业，要确保所有参加面试的人员都能获得代表企业的珍贵纪念礼物，这样的宣传效果将会更加显著。

（5）严格考核，复试录用

复试选手的数量通常会超过最终录用人数，因此需要对复试选手进行严格的评估。那么如何选拔出合适的人选呢？一般情况下，为了筛选符合企业要求的复试人员，可以采用专家集体测评法，即组织专家小组对每一位复试人员进行个别考察，以评估其专业技能、岗位技能、心理素质、职业志向等方面是否达到标准。这种方式能够有效地避免应聘者在进入公司后出现“水土不服”现象，保证其顺利就业和发展。尽管录用原则应当遵循宁缺毋滥的原则，但对于初创企业而言，由于其百业待举，此时正是人才招聘的关键时刻，因此不能简单地归咎于人才，而应该善于挖掘人才的主要特长，通过人才组合形成人才团队的优势，以满足初创企业对人才的需求。

（三）绩效评价

1. 绩效评价的作用

（1）传递企业的价值观和文化

有时候，企业对员工所担任的职位提出的要求可能会超出员工对企业目标的明确理解。在这种情况下，管理者需要根据自己的经验和判断来确定他们要达到什么样的目标。如果缺乏明确的指导，员工可能无法达成按照企业要求工作的目标，而绩效评估则是一种极具威力的工具，能够向员工明确哪些工作是至关重要的，哪些则是次要的。绩效评估不仅能够帮助管理者确定需要改善或提高的方面，而且还能使他们更清楚地知道如何去改进。对于明确企业文化和行为准则而言，绩效评估是一种至关重要的手段，因为它可以帮助企业明确其追求的目标和可接受的过程。在过去十年里，许多公司开始把价值观作为一种沟通方式引入他们的管理实践中，并取得了显著的成效。这种价值观的传递并不仅仅局限于企业内部，还涉及企业外部的多个方面，这些方面的评估都具有重要的关联性。

（2）监测战略和目标的执行情况

相关统计资料显示，80% 的企业战略不成功，其主要原因不是战略本身的问题，而是战略执行不利。因此，如何提高战略执行效果成为管理者关注的重点之一。通过定期收集相关数据，评估系统能够将企业战略转化为可衡量、可控制的要素，从而清晰地呈现出战略和目标的执行情况，为及时采取措施、确保企业战略和目标的实现提供了便利。

（3）发现问题，寻找企业的绩效改进点

绩效评估有助于发现企业内部存在的问题，明确问题的范围，凸显原本隐藏在冰山之下的问题，从而推动管理者寻求解决方案，最终实现改善绩效的目标。

（4）公平合理的评价与报酬

员工可以通过绩效评估了解哪些方面表现出色，哪些方面仍有提升空间，并有必要进行改进。绩效管理可以使企业中每个人都能看到自己工作的效果，从而增强他们为实现企业目标而努力的信心和决心。对于企业内部的成员而言，一个公正而合理的绩效评估是至关重要的。绩效评价应遵循公平性原则、客观性原则和激励性原则。在此基础上，薪酬、福利、职位晋升、职位调整、培训、淘汰等物质和非物质方面的奖励，均可作为薪酬体系的组成部分。

（5）提升管理者（评估者）与员工（被评估者）的技能

绩效评估的核心在于管理者对下属的行为产生直接影响，使其时刻关注下属的工作状态，从而推动和改善原有的行为方式和管理难题，尤其是那些平时不太主动、不太愿意去做的事情，这对管理者和下属都是一项巨大的挑战。在这个过程中，管理者将不断提升自身的组织管理能力、沟通技巧、计划制订能力以及监控能力等基本管理技能，以更好地应对复杂多变的管理环境；同时还能够通过绩效考核来了解下属的实际表现并及时调整相关策略。下属将致力于提升自身的绩效表现，探索创新的工作方法，以实现更加卓越的业绩成果。在面临绩效压力的情况下，管理者和员工将致力于提升自身的技能水平，以应对不断变化的工作环境。

（6）建立沟通与反馈的平台

在绩效评估的过程中，上下级之间不是在绩效结果产生后才进行评估，而是需要持续进行沟通和反馈，以便及早发现问题并促进组织内部的信息交流。

（7）建立基础管理平台

为了确保绩效评估的客观性，必须借助大量基础数据的支持，以建立规划的基础管理平台，从而强化企业内部的基础管理。

2．绩效评价的方法和指标

（1）目标管理法

目标管理法是一种以目标为中心，以分解和执行目标为手段，旨在完美实现目标的管理方法。它主要由目标设定、计划实施、检查评价三部分组成。该计划旨在将组织的总体目标逐级转化为下属单位和个人的子目标，以建立一个完整的目标评估框架，从而提高组织的绩效水平。

实施目标管理法需要遵循一系列步骤，以确保其有效性。

①建立一套完整的目标体系。为了实现目标管理，必须建立一个完整的目标框架，将目标任务向下细分并形成一种锁链式的目标体系，从而实现上下级目标之间的“目的－手段”关系。

②制定目标。在制定组织目标时，必须确保所有管理人员参与决策并为每个成员指定明确的目标，同时尊重目标制定者的意愿，以激发人们的责任感和工作兴趣，而非采用自上而下的方式分配任务。

③运用 SMART 原则。采用 ISMART 的原则，对各项指标进行量化处理，以确保它们的可衡量性得到保障。通过将这些定性和定量的指标用一种简单而有效的方法转化为一个相对稳定的数学模型，并据此来分析影响企业竞争力水平的主要因素及各因素间的相互关系。SMART 原则即具体性（Specific）、可度量性（Meastlrable）、可实现性（Attainable）、现实性（Realistic ）、时限性（Time-bound）。

④确定时间范围并组织实施。为了确保任务完成时间的明确性、目标的明确性和时间的明确性，主管人员应当将权力下放给下级成员，而自己则应集中精力进行综合性管理，以抓重点。

⑤对绩效进行评估并提供反馈。定期对各级目标的实现情况进行审查、评估，并倾听员工的反馈，以确保目标管理进入下一轮循环的过程。在每一个周期中都要根据实际工作需要，建立起一套科学、完善、可行的考核制度，从而保证目标管理的持续有效实施。对于个人成果的评估，除了给予相应的奖励和表彰外，还应将其反映在人事考核中，作为晋升和提升的重要依据。

（2）360 度绩效评价法

360 度绩效评价法就是由被考评人的上级、同级、下级和（或）内部客户、外部客户甚至本人担任考评者，全方位地对被评者进行全方位的绩效评估，其中包括员工的任务绩效、管理绩效、周边绩效、态度和能力等多个方面，考评结束后通过反馈程序将考评结果反馈给被考评者，以达到改善行为、提高绩效等目的。它可以使每个被考评者都能在自己原有水平上得到提升。

传统的考核方式仅限于对员工的上级绩效进行评估，缺乏多元化的评估方向。相较于传统的考评方式，360 度绩效评价法从多个角度全面、客观、可靠地反映员工的工作表现，特别是对反馈过程的高度重视，为考评提供了一面镜子，同时也为相互交流和学习提供了机会。因此，在企业中应用该考评方式能有效地激发员工的积极性和创造性，提高工作效率。当然，这种考评方式也对企业的人力资源管理人员提出了更为苛刻的要求，需要他们具备更高水平的能力。随着现代信息技术的飞速发展，企业中各种信息化手段层出不穷。首先，随着信息收集和整理的规模不断扩大，其数量也将呈现显著的增长趋势；其次，绩效评价反馈系统的效能直接受到管理人员，特别是人力资源管理人员反馈能力的影响；三是评价指标应更加细化和具体化。对于绩效评价而言，其内容和形式的设计需要进行更为复杂的规划和设计。

（3）关键绩效指标

关键绩效指标又称 KPI（Key Performance Indicator），是一种目标式的量化管理指标，它通过对企业内部流程的输入端和输出端的关键参数进行设置、取样、计算和分析，以评估和管理被评估者的绩效，是一种标准体系。它既可以作为绩效考核工具，又可作为企业战略落地的依据。因为关键绩效指标是一套定量化的标准体系，所以即使难以定量化，也必须采取行为化的方式。因为在企业中，员工的工作过程是一个不断变化的动态系统，而每个员工又具有不同的个性特质，因此，他们所表现出来的绩效水平也各不相同。若无法同时满足定量化和行为化这两个特征，那么这两个指标便无法被视为关键绩效指标，从而无法达到要求。

（四）职业生涯规划

1. 初创企业实施组织职业生涯管理的必要性

初创企业虽然还没有明晰的发展战略和人力资源战略，但企业创办者在进行决策时仍需具备战略性的思维。结合初创企业人力资源管理的核心任务，这个阶段实施组织职业生涯管理的战略意义在于以下几方面。

（1）有利于企业内部基本实现事事有人能干

若创办者能够引入组织职业生涯管理，那么在考虑创业队伍组建的过程中，创办者将能够从创业队伍的成分分析入手，制定出初创企业职位需求目标，以确保关键人才的能力互补，从而实现事事有人能干的目标。

（2）使企业成长与员工发展相得益彰

初创企业在引入组织职业生涯管理时，应当注重企业发展目标与员工发展需求的协调一致，以确保员工与企业同步发展，从而适应企业不断发展和变革的需求。

（3）促进对企业核心文化的分析、理解及塑造

一家具有远见卓识的企业常常在创业之初就明确了自身的核心理念，并期望创造一种氛围，以促进其内化为企业的核心文化。组织职业生涯管理是企业为实现其目标，对员工进行有计划的培养和发展，以达到使每个人都能成功就业或取得成就之目的的过程。组织职业生涯管理的有效实施，有助于建立一种良好的企业文化氛围，从而推动企业核心文化的分析、理解和形成。

（4）企业吸引和留住人才的重要措施

引入组织职业生涯管理机制，有助于企业在初创阶段更有效地吸引和留住优秀人才，从而推动企业持续发展。同时，随着企业规模的不断扩大，我们需要更加注重人才补充和培训计划的前瞻性，以满足不断增长的职位需求。

（5）有效节约人力资本开支，增强员工对企业的承诺

引入组织职业生涯管理于企业初创阶段，有助于激发员工对自身职业技能和水平提升的关注，从而降低其对物质激励的敏感度，同时也有助于提高企业的凝聚力和向心力，实现人力资源与企业目标的一致。企业通过引入组织职业生涯管理，不仅能够满足员工的职业发展需求和增强他们对企业的承诺，同时也能够促进员工，特别是杰出的员工在企业中的留存和共同成长。

2. 初创企业组织职业生涯管理的策略分析

（1）初创企业的员工价值特征分析

在实施组织职业生涯管理时，企业需要综合考虑企业所处的发展阶段和员工的价值特征，以确定组织职业生涯管理的目标对象。

在企业初创阶段，员工的价值特征表现为高层团队由企业发起人构成，他们通常是父子、兄弟、同学或朋友关系，而这种团队的稳定性主要依赖于患难与共的精神，因此也是最为稳定的。在这一时期，那些身处高层的团队展现出了卓越的宏观分析和决策能力，且在一定程度上能够做到亲力亲为，不遗余力。他们之间的纽带主要建立在创业精神的基础上，对于股权分配和职位，他们并未过分计较，而是以开放的心态相互支持。

在初创阶段，中层的人员分为两类，一类是从外部招募而来的经理；另一种则与高层紧密相连，他们的流动性并不显著，除非企业无法持续运营。从这个角度看，企业中中层管理人员的流失并不能代表整个公司的人才流失，因为在这个时期，企业还没有真正形成一套完整有效的激励机制，所以中层管理人才的流动性比较小。在此时期，由于公司的吸引力有限，中层管理人员的能力一般，但相应的员工数量有限，因此管理幅度和难度并不高，他们基本上仍然具备胜任的能力。另外，如果企业能给中层员工提供良好的发展空间和平台，那么企业内部会产生很多优秀的人才，从而可以使企业保持较快的增长速度。然而，普通员工却呈现出一种截然不同的状态：由于企业管理制度的不完善、保障体系的不健全、领导水平的欠缺以及工资待遇的低下等多种因素的制约，那些曾经被招募进来的人却无法留住，从而使得这些员工成为最容易流动的人群。在企业中，我们很少

会遇到那些在创业初期就开始工作的资深员工，这也是为什么我们很少见到他们的原因。

（2）妥善完成初创企业早期职业生涯规划任务

早期职业生涯规划的使命在于实现员工的组织化使命，推动相互融合，建立心理契约，以及克服现实的动荡。随着企业发展阶段不同，对员工进行早期组织职业生涯管理也会有相应的要求。对于初创企业而言，由于其组织本质是一种全新的生命形式，因此员工都是这个新生命形式中崭新的细胞。他们在企业组织环境下成长发展，其个性会随着工作经验不断增加而发生改变。因此，对于这些新加入的员工，组织职业生涯管理需要进行早期的职业生涯规划，以确保他们在未来的职业生涯中能够充分发挥自己的潜力。早期职业生涯规划的目的是在企业内部形成一个有利于企业发展的文化氛围和工作氛围。通过对新员工进行组织化，以实现个人对职业岗位的适应、企业文化的适应和职业心理的转换；同时，实施公平的绩效评价、激励性的薪酬、适度分享企业“机密”以及推动有才干的员工接受企业价值观并向企业内流动等措施，以促进企业与新员工之间的相互接纳。

（3）做好初创企业组织职业生涯开发

在初创企业的组织职业生涯开发中，必须根据企业现状和员工价值分布特征，有计划、有系统地开展各种教育训练活动，以促进员工的职业发展和成长。在这一过程中，员工不仅需要掌握必要的专业技能知识与技巧，还要具备良好的职业素养与综合能力，从而为日后顺利进入职场奠定良好基础。因此，在这一阶段，员工的培训需要考虑到其独有的特质和需求。

考虑到企业资源的有限性，在当前阶段，为了实现投资回报率的最大化，必须精选适宜的培训方式，并针对不同层次的员工制定差异化的培训策略，以满足企业发展的需求。从目前我国企业中普遍存在的问题看，大部分企业都存在着人才结构不合理、缺乏具有丰富实践经验的高素质人才队伍等现象，因此必须加强对人力资源开发与管理能力的培养。对于初创企业而言，尽管高层人员可能充满激情，但由于缺乏领导经验，他们需要接受深入的领导技能培训和开发；在招募中层管理人员进入公司之前，他们需要具备相关的知识和经验，但同时也必须考虑到公司的业务特征和发展需求，以充分挖掘他们的管理潜能；基层员工一般缺乏相应的专业技能，但是他们有着较好的沟通能力，因此应注重对其团队合作能力的培养。由于基层人员的流动性较高，因此他们更多地接受工作态度的培训，这不仅有助于确保业务的顺利开展，还有助于维持员工队伍的稳定性。

二、创业企业的财务管理

财务管理是以资金的流动规律为基础，遵循国家法律法规，对企业在生产经营过程中的资金形成、使用和分配进行预测、决策、计划、控制、核算和分析，以提高资金运用效率，实现资本的保值增值的一项管理工作。投资管理是财务管理的本质，将筹集的资金运用到能够产生最大效益的项目或资产上，才能够使投入的资金产生更大的增值；企业日常的财务活动及其现金流管理是财务管理的核心内容，可为企业的采购、生产、营销与销售等经营活动提供全方位的财务支持；利润分配及其管理是财务管理的终点和起点，任何融资活动的最终目的是取得利润，增加企业价值，而利润分配是否合理则会影响企业可用于再投资的内部财务资源，影响企业的增长潜力。

财务管理目标是企业目标在财务管理活动中的体现。一般认为，财务管理目标是企业在市场环境下，通过组织财务活动、处理财务关系所期望达到的根本目的。企业的组织形式不同，在财务管理目标的定位和表述上也有所不同。有的财务管理目标强调利润最大化。一般认为，利润额的高低反映企业资产利用程度的高低和经济效益的好坏，以利润最大化为财务目标，意味着企业生产经营所涉及的各项财务决策都必须以能否取得利润、能取得多少利润为评判依据。有的财务管理目标则强调股东财富最大化，应通过财务上的合理运营，为股东带来更多财富。该目标强调财务管理的终极服务对象是股东，强调公司决策层和管理层对股东的财产承担信托责任。

（一）财务会计知识

1. 反映企业财务状况的会计要素

（1）资产

企业所拥有或控制的、预期能够为其带来经济利益的资源，即资产，其来源可以追溯到过去的交易或事项。它包括可辨认财产物资、货币性金融资产、长期股权投资、无形资产等。根据资产的流动性进行分类，可将资产划分为两类：一是流动资产，二是非流动资产。其中，流动资产是指能够随时获得并用于日常活动的各种财产物资，是那些预计在正常营业周期内变现、出售或耗用，或主要用于交易目的而持有，或预计在资产负债表日起一年内（含一年）变现的资产，以及那些自资产负债表日起一年内交换其他资产或清偿负债的能力不受限制的现金或现金等价物。流动资产的范畴涵盖了货币资金、交易性金融资产、应收票据、应收账款、预付款项、应收利息、应收股利、其他应收款以及存货等多个方面。流动资产以外的资产，包括但不限于长期股权投资、固定资产、在建工程、工程物资、无形资产以及开发支出等，均属于非流动资产。

资产的主要特征有以下几点。

①企业可以从资产预期中获得经济效益。企业所能获得的经济利益，指的是资产直接或间接引发现金和现金等价物流入企业的潜力。

②企业所拥有或掌控的资源，即为其所拥有的资产。企业所拥有或控制的资源，指的是企业对某一资源拥有所有权，或者虽然不拥有该资源的所有权，但该资源仍可被企业所支配。

③企业的资产来源于其历史上的交易或事项，这些交易或事项形成了企业的资产。这些交易或事项可能会给企业带来经济利益，也可能不会产生经济利益。过去，企业所进行的交易或事项涵盖了购买、生产制造等行为，以及其他相关的交易或事项。未来所发生的交易或事项将不会转化为任何形式的资产。

④资产的计量必须以货币为基准。

（2）负债

负债是企业在过去的交易或事项中所形成的，预计会导致企业的经济利益流失，因此负债是企业必须承担的现时义务。根据资产流动性的不同，负债可被归为两类：一是流动负债，二是非流动负债。流动负债是指企业在正常经营周期内预期偿还的，或主要用于交易目的而持有的，或在资产负债表日起一年内（包括一年）到期应偿还的，或企业无权自主将偿还延迟至资产负债表日后一年以上的债务。流动负债的范畴涵盖了短期借款、应付票据、应付账款、预收款项、应付职工薪酬、应交税费、应付利息、应付股利以及其他应付款等多个方面。除流动负债以外的负债均被称为非流动负债，其主要由长期借款、应付债券等构成。

负债的主要特征有以下几点：

①企业在过去的交易或事项中所形成的当前责任，即负债。

②企业在目前的情况下所承担的责任和义务，即现时义务。现时义务具有历史和现实两种属性，现值法和重置成本法是其主要会计处理方法。未来所发生的交易或事项所产生的责任，不应被视为当前的责任，也不应被视为负债。

③预计偿还债务将导致企业的经济利益外流，从而影响其财务状况。

（3）所有者权益

企业净资产的所有权归属于投资人，而所有者权益则是指在企业资产扣除负债后，所有者所拥有的剩余权益，包括但不限于实收资本（或股本）、资本公积、盈余公积和未分配利润。

2. 反映企业经营成果的会计要素

（1）收入

企业所获得的经济利益，包括销售商品、提供服务和转让资产使用权等日常活动所带来的总收益，即收入。

（2）费用

企业在日常销售商品、提供服务等活动中所产生的经济利益所带来的总流出，被称为费用。

（3）利润

企业在特定的会计周期内所获得的经营成果，被称为利润。利润的计算方式包括将收入减去费用后的净额，以及将其直接计入当期利润中的利得和损失等因素。

直接计入当期利润的利得和损失，指的是与所有者投入资本或向所有者分配利润无关的、可能导致所有者权益发生增减变动的、不应计入当期损益的利得活着损失。

3. 会计等式

（1）资产＝负债＋所有者权益

企业的资产源自所有者的注资和债权人的借款，以及企业在生产经营中所积累的效益。其中，所有者的注资是指由股东出资或以其他方式取得的资产，它主要有货币资金、实物资产、无形资产等。企业的资产来源于所有者权益，企业的权益包括所有者权益和债权人权益，而这些归属于所有者的部分则形成了所有者的权益；归属于债权人的部分构成债权人权益。部分归属于债权人的资产形成了债权人的权益，也就是企业的债务。两者是相互联系、相互依存的统一体。资产和权益一定是等价的。

在某一特定时间节点，资产、负债和所有者权益之间呈现出一种平衡状态，即资产等于负债加上所有者权益。复式记账法是资产负债表编制的基石，也是其理论基础所在。

（2）收入－费用＝利润

企业在一定时期内所获得的净收入，在扣除各项费用后，经过适当的调整，最终达到了与利润相等的水平。这一公式叫做“收入－费用”公式。在不考虑任何调整因素（例如直接计入当期利润的利得和损失等）的情况下，收入减去费用即为利润，也就是说，收入与费用之间的关系可以被视为利润。编制利润表的基础在于分析收入、费用和利润之间的相互关系，这是不可或缺的。

（二）会计管理知识

1. 会计凭证

会计凭证是以书面形式记录经济活动的发生和完成情况的书面证明，同时也是账簿登记的基础。它包括记账凭证和会计报表两部分内容。会计凭证是对经济业务真实性、合法性和合理性进行审查的重要工具，为会计监督提供了重要依据。会计凭证在会计核算中占有重要地位，它对核算工作起着举足轻重的作用。根据编制程序和用途的不同，会计凭证可被划分为原始凭证和记账凭证两大类。

（1）原始凭证

单据，是记录经济业务发生或完成情况的原始凭证，其填制的目的在于记录相关信息。它具有真实性和合法性特点，并能正确反映经济活动中有关事项的真实情况。根据凭证来源的不同，我们可以将原始凭证划分为两类：一是外来原始凭证，二是自制原始凭证。外来原始凭证，即为外方提供的原始凭证，指的是在经济活动发生或完成时，直接从其他单位或个人获得的凭证，例如在购买货物时获得的增值税专用发票、在支付任何款项时获得的相应发票或收据以及在职工出差时获得的飞机票、火车票等。自制原始凭证则是本单位自行制作的凭证，如领料单及记账凭证。在执行或完成某项经济业务时，本单位内部的工作人员需要填写一份自制的原始凭证，以证明其合法性。该物品仅限于本单位内部使用，包括但不限于收料单、领料单、产品入库单、产品出库单、借款单、工资发放明细表以及折旧表等。

（2）记账凭证

记账凭证是指会计人员在原始凭证审核无误后，将其按照经济业务的内容进行分类，并据以确定会计分录后填制的会计凭证，它是登记账簿的直接依据。它具有真实性和合法性特点，并能正确反映经济活动中有关事项的真实情况。在公司拥有会计软件的情况下，企业可以通过购买符合规范的记账凭证来实现会计凭证的直接生成。因此，要想使会计核算准确、及时和真实，就必须保证记账凭证质量。记账凭证应当包含以下基本要素，以确保记账的准确性和可靠性：

①记账凭证的名称。

②填制记账凭证的日期。

③记账凭证的编号。

④经济业务的内容摘要。

⑤经济业务所涉及的会计科目（包括一级科目、二级科目或明细科目）及记账方向。

⑥经济业务的金额。

⑦记账标记。

⑧所附原始凭证张数。

⑨会计主管、记账、审核、出纳、制单等有关人员的签章。

为确保会计凭证的完整性和准确性，应定期对其进行装订成册，以避免其散失。会计部门应定期（每天、每旬或每月）对各种会计凭证进行分类整理，并按照编号顺序，将各种记账凭证连同所附的原始凭证一并加具封面、封底，装订成册，封面应详细注明单位名称、凭证种类、凭证张数、起止张数等相关信息。

在完成经济业务手续和记账之后，任何企业都必须按照规定的归档制度将其会计凭证转化为会计档案资料，并进行妥善保管，以避免遗失，严禁随意销毁，以备日后查阅。

2．会计账簿

会计账簿是一种以会计凭证为基础的簿籍，由多个相互关联、格式规范的账簿组成，用于全面、系统、连贯、分类地记录各种经济业务。在企业中，会计账簿不仅作为会计核算工具使用，还是会计信息的主要载体之一。账簿的设置和登记不仅能够提供企业全面、系统的会计信息，为财务报表的编制提供可靠依据，同时也有助于创业者、经营者以及其他利益相关者对企业的经济活动进行有效监管。

（1）会计账簿的种类

①序时账簿。序时账簿也称为日记账，是一种按照经济业务发生的时间顺序，每日逐一记录经济业务的账簿形式。

②分类账簿。分类账簿是对所有经济业务进行分类登记的账簿形式，其中包括总分类账簿和明细分类账簿。总分类账簿是以总分类科目为基础，开设账户以登记全部经济业务，并进行总分类核算，从而提供总括核算资料的一种分类账簿。总分类账簿是财务会计报表的主要依据，能够全面呈现企业经济活动的总体情况。明细分类账簿是根据总账科目的分类设置，开设账户以登记某一类经济业务，并进行明细分类核算，从而提供相应的分类账簿资料的一种分类账簿。

③备查账簿。备查账簿是对某些在日记账和分类账簿中未能记载或记载不全的经济业务进行补充登记的账簿，如受托加工材料登记簿、代管商品物资登记簿等。备查账簿是对其他账簿记录的一种补充。

（2）会计账簿的设置原则

为保证账簿能提供企业全面、系统的会计信息，账簿的设置需要遵循一定的原则，主要有以下三个方面：

①适应企业规模和特点，满足管理要求。

②适当简单化。设置账簿要“单不重填，账不重设”，在满足实际业务需要的前提下，注意人力、财力和物力的节约，避免重复记账。

③科学严谨。设置账簿时，应保证其体系的完整，以利用不同账簿间的数据关系，在账簿间形成一种严谨的钩稽关系，避免经济业务的重记或漏记等。

（3）会计账簿的基本内容

小企业的会计账簿中应当对现金、应收账款、存货、应付工资额、应付款、应交税费以及企业的收入、费用和利润等情况进行记录。

①现金记录。创业者必须清楚知道企业的现金余额，以决定能否付清账单，这就要求对现金的流入和流出进行及时记录，随时了解其支付能力。

②应收账款记录。在某种情况下，客户也会向创业者赊账，这就是应收账款。创业者通过应收账款的记录可以知道应收账款的到期日、应收金额以及债务人等信息，以便及时收回账款。

③存货记录。创业者通过存货记录可以了解原材料的库存情况、产品的销售情况等信息，以根据存货记录更新库存商品，保证生产和销售所需。

④应付工资额记录。创业者必须清楚企业应支付的工资额。这笔账需要单独列出，记录要准确无误，而且要按一定顺序记录下来，以便核查。

⑤应付款记录。企业欠别人的账款叫作应付款。应付款需要及时结清，因为及时结账有时可以得到现金折扣，而逾期付款则需要支付违约金，此外，及时结账也有利于维护自己的信誉，与业务伙伴保持良好的业务关系。

⑥应交税费记录。税费是根据企业的营业额或盈利额来计征的，企业需要按照税法规定的税率和企业的营业状况，及时足额缴纳税费，履行社会责任。

⑦收入、费用和利润等记录。创业者最关心投入的资金能否获得足够的盈利，这三个会计要素能向创业者提供企业的经营状况。

3. 现金管理

现金，在会计范畴中被归类为库存现金，是指由出纳人员保管并存放于企业内的现金。现金，作为一种最具流动性的货币资金，具有购买所需物资、支付日常零星开支、偿还债务等多种用途，是人们日常生活中不可或缺的重要组成部分。因此现金是一个非常重要的概念和货币单位，加强对其管理是一项十分重要而又艰巨的任务。根据《现金管理暂行条例》，现金管理涵盖了现金的各个环节，包括但不限于收付、存储等方面。加强现金管理，对于保障国家财产安全、维护社会主义经济秩序和社会稳定具有十分重要的意义。

（1）现金的使用范围

企业可用现金支付的款项仅包括以下几种情况：

①职工工资、津贴，个人劳务报酬。

②根据国家规定颁发给个人的科学技术、文化艺术、体育等各种奖金。

③各种劳保、福利费用以及国家规定的对个人的其他支出。

④向个人收购农副产品和其他物资的款项。

⑤出差人员必须随身携带的差旅费。

⑥结算起点以下的零星支出。

⑦中国人民银行确定需要支付现金的其他支出。

除上述几条外，其他款项的支付均应通过银行转账结算。

（2）现金的限额

为了满足企业日常零星开支的需求，允许企业留存现金的最大额度被定义为现金的上限。它与银行存款限额和其他结算资金限额共同组成一个完整的现金控制体系。开户银行会根据企业日常零星开支的实际需求，在三至五天内核定该限额。企业在核定现金限额后，必须严格遵守规定，超出部分应在当日结束前存入银行。如有特殊情况发生，也可在规定时间内提前支取。单位如欲增减现金限额，应向开户银行提出申请，由开户银行进行审核批准。

（3）现金收支的规定

企业所得的现金应在当日送存至银行，若当日送存遇到困难，开户银行应根据实际情况确定最佳送存时间。对收付现金超过规定日期或金额的，应当在一个月内予以退回。企业可通过库存现金进行现金支付，但不得直接从本单位的现金收入中收取现金。同时，现金在收支过程中必须进行入账操作。当企业从其开户银行提取现金时，必须如实描述提取现金的目的，并由企业财务和会计部门的负责人签字盖章，经过开户银行的审查和批准后方可支付。此外，不准谎报用途套取现金；不准将企业收入的现金以个人名义存入储蓄；不准用不符合国家统一的会计制度的凭证顶替库存现金，即不得“白条顶库”；不准保留账外公款，即不得“公款私存”，不得设置“小金库”等。

4. 银行结算

企业向银行或其他金融机构存入各种资金，这些资金被称为银行存款。企业存款属于货币资金范畴，它是企业经营活动中的一项重要内容。为了满足业务需求，企业应当在其所在地的银行设立账户，以便进行各种收支转账、存款和取款等业务的结算。

企业在日常取现时应用现金支票，必须加盖银行预留印鉴（一般是财务章和法人章），并写清用途，一般为备用金等。转账则应用转账支票，付款方在支票上写清日期、企业名称、开户行名称、开户行账号、收款方企业名称、开户行名称、开户行账号、款项用途等信息，将支票交由收款方，收款方进账时，则需由出纳人员填制银行制式的进账单。

（三）财务会计报告知识

1. 财务会计报告的内容

财务会计报告包括资产负债表、利润表、所有者权益变动表、现金流量表、会计报表附注、财务情况说明书。

（1）资产负债表

资产负债表是一份会计报表，它记录并反映了企业在特定日期（月末、季末、年末）的财务状况。该表的格式主要有两种：水平式和报告式。最常见的是水平式，又叫账户式。

资产负债表的作用如下：了解企业所掌握的经济资源，分析企业的偿债能力，了解企业承担的债务，了解企业投资者持有的权益，分析企业未来的财务状况。

资产负债表可以说是一张照片，它反映了企业在某个定点的财务状况，如期末企业管理者就可以从资产负债表上观察出企业截至资产负债表日拥有的货币资金、应收账款、固定资产、无形资产等资产金额，并可与上期进行比较；同样企业有多少负债，应付账款有多少，其他应付款有多少，也可从资产负债表上获得；而实收资本科目则反映了企业注册时的注册资本，未分配利润则可反映企业截至期末究竟盈亏多少（注意和利润表区别）。

（2）利润表

利润表是反映企业在一定时期内（月、季、年）利润或亏损情况的报表。该表的格式主要有两种：单步式和多步式。单步式利润表是将本期所有收入加在一起，然后再把所有费用加在一起，两者相减，一次计算求出当期损益。多步式是按营业毛利润、营业净利润、利润总额、净利润、可供分配的利润进行分类，按利润形成的主要环节列示一些中间性利润指标，分类计算当期净损益。利润表的作用包括：了解企业的各种收入和费用；了解企业的损益情况、利润总额、各项投资收益；了解企业应交所得税和净利润实现情况；考核企业计划完成情况，分析利润增减变化的原因；确定企业利润分配的依据；评价企业的经营业绩；分析和预测企业的盈利趋势，做出投资价值评价等。

利润表被描述成一段录像，反映了企业在一定会计期间内的经营情况，也就是说如果是年度利润表，则该表反映了该年度企业的盈利亏损状况，而不是企业整个生产经营过程中的累计数。通过利润表，企业管理者可直观地掌握企业当期营业收入、营业成本、管理费用、经营费用以及主营业务税金等信息，更好地了解企业，从而制定出下期的经营目标、预算等。

（3）所有者权益变动表

所有者权益变动表反映构成所有者权益的各组成部分当期的增减变动情况，包括当期损益、直接计入所有者权益的利得和损失、与所有者的资本交易导致所有者权益的变动。

所有者权益变动表的作用如下：了解和分析企业弥补亏损、提取盈余公积金、公益金及利润结余等情况；了解企业当年税后利润额、可用于分配的利润额和年末未分配利润额；分析企业净利润的分配去向；判断企业利润分配合理与否；为改善利润分配方案提供依据。

（4）现金流量表

现金流量表反映企业在一定会计期间现金和现金等价物流入和流出情况。现金流量表的作用如下：了解企业当期现金流入流出的原因；有助于评价企业的挣钱能力；根据收付实现制编制，是对以权责发生制为依据披露的财务信息的必不可少的补充；有助于信息使用者正确判断企业现实的现金支付能力和与之相联系的股利政策及理财过程，以正确地做出投资决策；有助于评定企业的信贷等级；有助于分析企业未来获取现金的能力。

（5）会计报表附注

为了使报表使用者更好地理理解报表内容，需要对会计报表中列出的项目进行文字描述或详细资料，并对未在报表中列出的项目进行说明。

会计报表附注的主要内容包括以下几方面：采用的主要会计政策；财务报表的编制基础；遵循企业会计准则的声明；会计政策的变更情况、变更原因及对财务状况和经营成果的影响；非经营项目的说明；报表中有关重要项目的明细资料；其他有助于理解和分析报表所需要说明的事项。

（6）财务情况说明书

财务情况说明书的作用是对企业的一些财务状况（生产经营情况、盈利情况、资金使用情况等）进行概括性介绍。

2．关于财务会计报告报送的一般规定

（1）有限责任公司的财务会计报告

定期向各投资单位（人）、债权人、税务机关等提交财务会计报告，是有限责任公司必须履行的义务。

（2）股份有限公司的财务会计报告

在召开股东会议的 20 日之前，股份有限公司的财务会计报告应当备置于公司的办公处所，以供股东进行查阅。

（3）财务会计报告报出时间要求和内容

①月报应于月份终了后 6 天内对外提供；要求填制两表。

②季报应于季度终了后 15 天内报出；要求填制三表和会计报表附注。

③半年度财务会计报告应于年度中期终了后 60 天内（相当于两个连续的月份）对外提供；要求全套。

④年度财务会计报告应于年度终了后 4 个月内对外提供；要求全套。

⑤短于一个完成的会计年度的报告期间称为中期。《企业会计准则——基本准则》规定，以中期为基础编制的财务报告称为中期财务会计报告，简称中报，半年度、季度和月度财务会计报告统称为中报。

第四节　创业企业风险及防范

在微观层面上，市场经济被视为一种充满风险的经济形态，随着市场经济的开放程度，其中所隐藏的风险和不确定性也随之增加。企业作为市场的重要组成部分，时刻处于风险之中，因此，企业在发展过程中必须建立一套有效的风险管理机制，以防范和化解经营风险，保证自身健康有序地运行。企业风险评估是公司经营的必要前提，在激烈的市场竞争中，任何一家企业一旦遭遇到重大的经营风险，就会对其生存发展产生极大的威胁，甚至造成巨大经济损失，因此，需要认真做好企业评估，有效地进行企业危机管理，以应对化解这些巨大的挑战。当下，很多初创企业失败的原因，就是创业者未能充分认识到初创企业所面临的社会风险和创业危机，没有做好风险应对措施，从而造成了创业失败的局面。

任何创业都不可能没有风险。没有风险，也就失去了创业的价值和意义。勇于承担失败的风险和拥有风险评估能力是创业者必备的素质。事实证明，创业者多半是不轻言失败和放弃的。创业者如果没有冒险精神和竞争的冲动，是很难迈出创业第一步的。创业成功的关键在于创业者对创业风险的正确评估以及对创业危机的有效预防和管理。

一、创业风险概述

创业是一个充满挑战和艰辛的过程，新成立的企业在起步阶段往往规模较小，资金实力薄弱，在各项工作的处理上都没有经验，因此，企业的风险抵御能力最差，可能会轻易就被风险给冲垮，如果不能有效地抵御住创业时期的各种风险，极有可能会导致新生企业的夭折。

发达国家有着一套成熟的创业模式，但即使在发达国家，也仅有 50% 的初创企业能够维持生存 18 个月的时间，仅有 20% 的企业能够存活超过 10 年。而在破产的企业中，70% 的企业生存时间在三年以下。这表明，在市场竞争日益激烈的今天，企业要想保持竞争优势，就必须对创业风险做好防范。在我国，每年都有数以千计的新兴企业因为在决策和经营管理方面的失误而被迫停业，这些企业失败的原因有很多，有自身原因，比方说产品不适销对路、资金缺乏、技术人才匮乏等，但更多的还是外部原因，如社会上的机遇和挑战。因此，对于初创企业而言，如何进行风险评估和化解就显得尤为重要。

（一）风险评估的概念与任务

创业者需要用辩证的思维来审视风险，风险往往与机遇并存，要尽可能地抵御风险，抓住机遇。创业者一方面要对可能出现的风险进行有效防范，尽可能降低风险造成的损失，只有这样，才能保证企业的持续发展。同时，创业者也对风险进行仔细的评估，只有在风险存在的情况下，才能获得超额的利润或收益，因此，创业者需要把握时机、迎难而上，虽然这样会很冒险，必然会带来一定的损失，但在可承受的范围内，还是值得一试的。现代企业所处的运营环境变幻莫测，无论是社会结构、科技、经济、环保还是政治等多个方面，都会带来各种不确定因素的挑战，这也进一步凸显了创业风险评估的作用。

1. 风险的概念

风险的出现极有可能会给公司的生存带来极大的损失，风险的本质在于其所带来的不可预测性，这种不可预测性使得损失事件的发生变得异常复杂。正是由于存在这种不确定性，因而人们更加关注风险的识别、分析以及风险管理问题。但同时创业者也需要认识到，风险事件并不仅仅是一件有害的事情，虽然它可能会给公司带来损失，但是如果处理得当的话，风险是能够转化成为机遇的，这为公司更积极地认识和管理风险提供了重要的启示。

2. 风险的类型

（1）按风险来源分类

根据风险来源可将风险分为非系统风险和系统风险。非系统风险是指企业一定程度上可以控制的风险因素，主要包括技术风险、财务风险、管理风险等。这类非系统风险又称可分散风险，创业者可以通过设立风险防范机制来加以控制或化解此类风险。系统风险是指企业本身控制不了的风险因素，主要是指企业所面临的环境中的风险因素。主要包括市场风险、政策风险、自然风险等。系统风险又称不可分散风险，创业者只能在创业过程中尽量回避此类风险。

（2）按创业阶段分类

新创企业的产业化发展可分为四个阶段：技术开发阶段、产品开发阶段、生产能力开发阶段和市场开发阶段。新创企业的风险也就相应分为技术开发风险、产品开发风险、生产能力开发风险和市场开发风险。一般企业的生命周期由种子期、创建期、成长期、扩充期、成熟期和衰退期构成，从这个角度来看，风险也就相应地分为种子期风险、创建期风险、成长期风险、扩充期风险、成熟期风险和衰退期风险。

（3）按风险成因分类

按照风险产生的原因可以将风险划分为主观风险与客观风险。主观风险本质上是创业者一种心理的不确定性，而这种心理的不确定性源于个人的思维方式和心理状态。客观风险和主观风险的不同之处主要在于其更精确的可观测性以及由此而来的可衡量性。主观风险解释了在不同形势下做出不同决定的人们的行为。因为创业者总是希望找到“安全途径”，即使在其他途径并无风险时也是如此。

客观风险主要表现出一种客观存在性，但持不同风险态度的人对其的处理方式是不一样的，因此仅知道客观风险是不够的，还必须了解人们对风险的态度。

3. 风险评估的任务

（1）减少决策失误

新创企业通过风险识别、评估与预测，运用各种控制手段对风险进行处理，有助于减少生产经营中的各种风险，避免决策失误。正确的经营决策必须综合考虑企业内外部因素，否则会因缺乏长远规划或者定位不当而使企业陷入困境。

（2）保障财务安全

在新创企业的发展过程中，资金问题一直是困扰创业者的主要问题。由于缺少积累，往往资金实力薄弱，现金流量不足，创业者常常通过各种渠道争取对企业的投入。即使是有一定实力的企业，也常常会遇到资金周转不灵的困扰。因此，采用合适的风险管理，有助于降低管理成本，使企业资金得到更有效的使用。

（3）实现经营目标

企业的首要经营目标是盈利，增加收入和减少支出是实现盈利的基本途径。企业通过风险评估和管理，以最小的损失换取最大的效益，有助于增加收入和降低支出，提高经济效益。企业通过及时把握风险因素，排除各种经营障碍，合理调整营销策略，为经营目标的实现提供了保障。

（二）风险评估的途径和方法

1. 风险评估的基本途径

（1）环境分析

企业环境的构成极其复杂。自然、经济、政治、社会、技术等环境构成宏观环境，而企业的微观环境主要包括投资者、消费者、供应商、政府部门和竞争者等。环境分析是指通过对环境的分析，明确机会与威胁，发现企业的优势和劣势，找出这些环境可能引发的风险和损失的一种风险评估途径。环境分析重点是分析环境的不确定性及变动趋势，分析环境中的变动因素及其相互作用对企业的各种制约和影响。此外，应从整体角度分析外部环境与内部环境的相互作用及其影响程度。

（2）财务分析

财务分析是指以新创企业的资产负债表、利润表以及财务状况等资料为依据对企业的固定资产、流动资产等情况进行风险分析，以便从财务的角度发现企业面临的潜在风险的一种风险评估途径。财务报表可以使管理人员便于掌握资料，提高风险评估工作效率。财务报表集中反映了企业财务状况和经营成果，通过对财务报表进行分析，可以为发现风险因素提供线索。

（3）专家调研

专家调研是一种重要而又广为应用的风险评估途径，即运用专家的经验、知识和能力，发挥专家的特长，对风险的可能性及其后果做出判断和估算。运用专家调研的基本步骤如下：一是选择主要的风险项目，选聘相关领域的专家；二是专家对各类可能出现的风险进行评估；三是回收、整理、分析专家意见，再将结果反馈给专家；四是把专家的第二轮结果分析汇总，以此类推，直到结果令人较满意为止。

2. 风险评估的主要方法

（1）德尔菲法

德尔菲法又称专家调查法，即通过建立风险评级表和风险指数，组织专家对各风险项目进行打分而判定风险程度的风险估计方法。企业针对某个风险同时咨询多位专家，专家根据自己的经验做出各自的评估；再综合这些评估得出一个折中的结果，把该结果送交给专家，专家据此对自己的评估进行修改，直至达成一致。德尔菲法的优点是简单易行，取各家之长，避各家之短，有一定的科学性和实用性，缺点是仍属主观判断，所需时间较长。

（2）概率估计法

概率估计法的原理是首先估测出各种风险事件发生的概率及其结果的大小，然后求出其期望和方差，从而判定风险的大小。概率通常有以下两种。一是客观概率。这主要是根据大量试验，利用大量统计数据采用统计方法进行估算而得来的。风险结果的估算具体可用累积频率分析法和时间序列预测法。二是主观概率。有些风险事件是在不可能做出准确分析，很难计算出客观概率，而又必须做出估计的情况下产生的，一般组织有关专家对风险事件的概率做出合理的估计。风险结果的估测具体可采用回归分析法、计量模型法和敏感度分析法。概率估计法具体又可分为概率树与逻辑树分析法、外推法、蒙特卡·罗模拟分析法等，该方法是风险评估的主要方法。

（3）风险价值法

风险价值定义为在一定时期内，一定的置信水平上可能的最大损失。它可将企业的风险大小以一定的货币量表示出来，实现不同风险的相互比较。目前求解风险价值主要有两种方法：参数方法和模拟仿真法。风险价值是一个概括性数值，能够直接刻画企业具体的风险大小，较之以往以方差来代表企业风险的做法有了很大的改进。

（4）层次分析法

层次分析法是一种定量和定性分析相结合的多目标决策方法。利用层次分析法的递阶层次结构模型，企业将风险评价总目标进行逐层分解，得到从不同方面衡量风险的多变量准则层，将每个待评估的方案按不同准则相互比较，构建判断矩阵，求出矩阵最大特征值对应的特征向量，便可得到项目风险大小关系。层次分析法可很好地处理定性和定量相结合的问题，将决策者的主观判断与政策经验导入模型，并加以量化处理。

另外，还有其他一些风险评估方法，如全面风险管理法、敏感分析法、风险调整贴现率法、肯定当量法。而在实际评估新创企业的风险时，应结合企业的具体情况和要求及各种方法的适用性来选用合适的风险评估方法。若能同时或交叉使用几种方法对同一种风险进行评估，则效果更佳。

（三）风险评估过程注意事项

1. 新创企业风险因素的分类

新创企业的风险是一个多主体、多因素以及多阶段的动态系统，与企业成长过程的不确定性密切相关，而且其风险因素不仅来自外部环境，更来自新创企业内部。新创企业的风险因素可分为以下几类：

（1）客观风险因素与主观风险因素

客观风险因素，是指导致创业失败的客观方面的因素，如市场的变动、政策的变化、竞争对手的出现、创业资金缺乏等。主观风险因素，是指导致创业失败的主观方面的因素，如创业者或创业团队的身体与心理素质等。

（2）系统风险因素与非系统风险因素

系统风险因素是指创业企业本身控制不了的风险因素，主要是指创业环境中的风险因素，主要包括市场因素、政策因素和自然因素。非系统风险因素是指创业企业一定程度上可以控制的风险因素，主要包括技术因素、财务因素和管理因素等。

（3）可管理的风险因素与不可管理的风险因素

可管理的风险因素是指那些在企业成长过程中出现的可回避或可控制、可转移、可分散的风险因素。对那些既不可回避，又不可控制、不可转移、不可分散的风险因素称为不可管理风险因素。

2．新创企业风险识别的原则

（1）系统性原则

系统性原则要求在风险识别时要将新创企业的参与方视为一个系统，以系统整体风险的最小化为准绳，系统中各子系统的风险相互关联、相互作用，系统内外的风险相互可以传递，即外界的风险会传递到企业中来，新创企业的风险亦会通过一定的媒介传递到周围环境中去。新创企业的风险与社会上其他风险是相互关联的，有时甚至互为因果，它们之间亦有可能通过风险传递的乘数效应而将风险放大。因此，在风险识别时，应该将各个子系统的特性放到大系统的整体中去权衡，以整体系统的总风险最小化来衡量各个子系统的风险，真正识别出新创企业的风险事件和风险源，将那些局部的细微风险忽略，在宏观层面上把握住企业合作创新风险的脉络，有利于企业风险管理资源的合理使用。

（2）谨慎性原则

谨慎性原则的本质就是资本保持或资本维持，其经济含义是只有在资本得到维护或成本得到弥补以后，才能确认收益。新创企业在风险识别过程中，必须认真对待每一个不确定性因素或风险源，不随意排除风险源的存在，只有在对风险源进行很好的分析和控制，并经风险管理人员以及相关的专业人员确认此风险源不会形成有影响的风险事件之后，才可确认风险的排除。正所谓“差之毫厘，谬以千里”。很多引致巨额损失、影响面大的风险事件都是由一些看起来微不足道的风险源开始的。

（3）动态性原则

动态性原则是指必须以动态和发展的眼光看待新创企业面临的各种风险。在新创企业中，各参与方对其在项目完成后可能获取的收益或损失也处于不断调整之中。即使是在项目开始前已经有了很好的项目评估，参与人心里已经有了确定的预期，但随着周围环境的变化，还是会不断地调整预期，即风险总是处于一种动态的变化之中。因此，必须以敏锐的眼光、专业的精神去捕捉不断变化的、不断涌现的风险源，对原有的风险源进行重新审视，要将那些以前视作风险源而在新的时期不再成为风险源的因素去除，同时也要对以前忽略掉而在新的时期可能形成风险事件的风险源予以重视，应始终保持风险识别和风险管理的动态性。

二、创业各阶段风险分析

（一）创业前期面临的风险

1. 项目风险

（1）时机不当

有些行业在我国是被禁止私人经营的。有些行业虽然被允许私人经营，但由于相关法规不健全，加上市场环境复杂，因此在发展过程中出现了很多问题。创业者必须事先了解和掌握这些情况。比较常见的情况是，一些初创企业在创业初期就面临着资源浪费和经营困难的问题。例如，市场上的一些商品，从原材料到最终消费前的过程中存在着一定的周期和阶段，有些产品虽然已经过了这个周期，但仍能保持其原有功能。假如一款产品的生命周期过于短暂，或者其生产不符合时代潮流的步伐，那么该产品将很快被市场淘汰，此种不符合潮流趋势、没有紧跟时代步伐的产品，在创业后有很大可能在短时间内失败。

（2）盲目跟风

有些初创企业家在明确经营方向的过程当中，盲目跟从市场需求的变化，仓促地做出反应，只为获得利润。但是，市场的运作具有一定的周期性，当市场上出现“一窝蜂”热潮的时候，通常预示着即将到来的恶性竞争。因此，创业者必须要有长远的眼光，从宏观角度考虑问题，制定出切实可行的发展战略。由于缺乏全面的管理能力，部分创业者未能建立必要的财务会计管理系统，导致企业在做出重大决策的时候十分缺乏可靠的依据，对资金需求进行草率估算或低估，并选择了错误的技术与设备，结果导致资金链断裂、产品滞销，甚至破产，使投资者蒙受巨大经济损失。在创业之前，创业者必须进行全面的市场调研和深入的理性分析，这是至关重要的。创业者必须了解市场，掌握信息，对自己所经营的行业进行评估，进而确定目标，唯有如此才能制订出切实可行的行动方案。创业成功的关键在于迈出第一步，然而在创业失败的案例中，许多人在这个关键时刻夭折了。

2. 资源配置风险

（1）资金短缺

创业项目的实施和企业的生存都离不开充足的资金支持，同时也是不可或缺的前提条件。企业若遭遇资金短缺的情况，将不可避免地影响盈利和偿债能力，最终导致信用等级以及资金周转受到一系列影响，甚至可能面临资不抵债、破产的风险。可见，创业者必须具备良好的理财观念和科学的筹资策略，以保证企业持续发展。在创业初期，企业的融资条件和环境十分苛刻，因此仅能依靠自身资金的灵活运作来创造一种自由的现金流。当自由现金流处于亏损的状态时，企业将陷入偿债困境，甚至可能面临破产的风险，因此创业者必须学会运用好现金这一重要资产。有些创业者过于理想化地设想现金流入的状况，在缺乏充足流动资金的情况下轻率创业，在面临困难需要坚守一段时间的时候，由于流动资金不足，最终陷入了困境。在企业经营过程中，存在着大量现金流出与流入的情况，这些流动都会给企业带来一定程度的现金风险。导致现金风险的原因主要有以下几方面：过度强调利润和销售的增长，忽视了现金管理的重要性；过度投资于固定资产，导致资金无法得到充分的积累；缺乏有效管理，造成企业资金周转缓慢；在不考虑任何条件与时机的情况下，盲目跟风地大力扩张。

（2）配置失衡

在创业初始阶段，有限的资源应该用在刀刃上，要精兵简政。创业初期的企业规模必须精简，生产、管理和营销要有效率、重实质，不能一味追求表面的浮华，徒增费用，不要着急过大老板的瘾。有些创业者在创业初期提出不切实际的扩张目标，盲目铺摊子、上规模，结果只能“企而不立，跨而不行”。

3. 管理风险

在创业初期，由于缺乏足够的创业者管理经验，管理风险变得尤为突出和明显。例如，使用不当，将导致无谓的内部消耗；缺乏专业技术人才以及优秀的管理人员，无法有效地进行经营决策，使企业陷入困境；由于财务制度存在一定的缺陷和漏洞，出现了损害公共利益和私人利益的不良现象；管理方法落后，导致企业管理混乱；有时候，创业者独自承担全部业务的管理职责，虽然管理过程中出现了很多问题，但是他们却不愿意或不放心将责任委托给他人，也不会重视建立一个高效的管理团队；企业文化建设不够完善；缺乏有效的领导与管理方式，无论工作的重要性如何，创业者都会亲力亲为，坚信只有自己才能胜任工作，对下属缺乏信任感。有些初创企业只注重员工的忠诚度，却忽视了员工的权益，当企业出现危机时，他们会想方设法为自己找借口推卸责任，把员工当成“救星”，员工对管理者有意见，首先考虑的就是利益诉求问题。一经员工提出利益诉求，创业者即视其为背信弃义之人，从而妨碍了双方之间的有效沟通和合作。创业初期，创业者与员工之间往往存在着利益冲突，如工资、福利等方面的分歧，甚至有可能导致冲突升级为一场战争。员工的生存和成长离不开利益这一根本物质基础，若创业者忽视此问题，不仅难以吸引杰出人才，就连现有人才也会流失殆尽。

4．团队风险

（1）结构松散

企业的管理团队必须在专业技能、领域等多个方面，长期保持和稳定在恰当的平衡状态，同时组织结构必须适应企业发展不同阶段的主要任务，以实现动态适应。在初创阶段，企业的人力资源结构无法满足专业化的经营管理要求，从而导致企业经营面临着更高的风险。

（2）纪律松懈

在创业企业的团队建设过程中，普遍存在一种倾向，即过分追求团队成员之间的情感纽带和人际交往，导致团队成员间无论分工如何都表现出兄弟般的亲密关系。这种做法容易使创业者产生“团队就是我”“团队就是我的组织”等错误观念。这是因为在很多时候，创业企业中存在着一种“人情”情结，即团队内部缺乏必要的约束机制和激励机制，使一些人为了个人利益或个人私利去损害团队的利益。这种情感纽带直接导致了管理制度的缺陷，或者即使制定了相应的规章制度，但执行效果不尽如人意，形同虚设。因此，如何营造良好的团队氛围显得尤为重要。管理之所以软弱无力，是因为氛围过于宽松，缺乏必要的紧密性。

（二）创业过程中面临的风险

创业过程与创业前期和创业后期很难截然区分。因此，创业前期和创业后期企业面临的各类风险在创业过程中也相应存在。在创业过程中，风险主要来自两个方面，一是市场，二是资金。

1．市场风险

（1）市场进入风险

市场进入是指企业严格按照战略规划，在未涉足的新兴领域或新兴产业领域中，通过特定的行为或过程，实现发展目标的一种策略。市场进入从实际意义上来说是一项充满着风险和挑战的事业，由于各种复杂和多变的因素影响，企业进入市场的实际结果通常偏离预期，从而导致利益的巨大损失。因此，企业要成功地实现目标，就必须对市场进入所带来的各种风险有充分的认识和估计。对于市场进入风险的分析，我们可以从多个角度进行深入探究。

首先，考虑市场进入所带来的回报和相应的成本，即进入的成本与收益。企业在退出时所面临的无法回收成本，即进入成本，通常被称为沉没成本，其中包括专用性资产和设备的处置所带来的损失、无形资产的损失等。因此，要对沉没成本进行有效管理，使其成为企业经营活动中不可忽视的一部分。在企业退出市场之前，这些无法预料与弥补的因素，是企业在整个生命周期内无法回收的。随着沉没成本的增加，企业进入市场所需的机会成本也随之上升。

其次，需要明确市场进入的目标和方向。市场进入的定位是企业在制定企业战略时必须考虑的问题。由于每个市场具有不同的特征与要求，从而导致各个市场间存在着激烈的市场竞争。我们可将市场视为一个庞大的生态系统，它由多个子市场系统与区域市场系统组成，这些子市场系统提供了各种产品。因此，即使是再大的全球性公司，也缺少足够的能力进入所有市场，无法为所有客户提供服务，仅能按照企业自身的优势和特长，进入特定的细分市场，以确定在目标市场上的竞争优势。在区位选择的时候，企业需要综合考虑竞争对手和消费者的利益，以实现消费者和竞争者之间的完美融合。

（2）市场营销风险

市场营销风险一般分为以下几类。一是消费者风险。产品的接受程度，直接决定新创企业的生存和发展。消费者的购买行为受到如下因素影响：消费者可以用其他产品或技术来满足自身的需要；信息不对称导致消费者对创新产品的认知存在障碍；消费者不愿投入太多使用成本；存在对新产品的缺陷和副作用的恐惧心理及预防心理。二是竞争者风险。企业在市场上面对的竞争者有两类，即低技术企业和行业中的其他同类企业。低技术企业可以大幅降低销售价格提高产品的性价比，并通过成熟的销售渠道提供全方位的服务。行业中的其他同类企业也会竞相推出新的产品以避免老产品被淘汰带来的损失，价格竞争也就更可能发生。三是政策法规风险。很多国家对新技术产品的检查和管制日益加强，技术输入与输出也受到强制性和规范化控制。

市场进入的目的在于获得更大的利润和市场份额。市场营销的风险源于多方面的因素。首先，企业在营销方面的实力存在不足之处。在市场经济条件下，市场竞争日益激烈，企业要想生存与发展，就必须具备强大的竞争力和应变能力。为了降低市场风险，企业必须建立一支高素质的营销团队，特别是对于新兴企业而言，营销团队不仅需要具备营销专家的能力，更需要具备技术专家的水平，原因是他们除了需要销售产品，还需要负责技术推广和准确反馈市场信息。因此，在进行市场调查时就要考虑到这些因素，否则就会陷入盲目竞争导致失败。其次，缺乏恰当的市场进入时机选择。进入市场必须根据不同情况，采取灵活多样的经营方式和经营策略。进入市场的时机和方式，对市场竞争力产生深远影响，若错过时机，将难以夺取现有市场份额，从而难以获得优异的销售业绩。因此，新企业在进入市场时一定要慎重，切不可盲目上马，否则将会造成巨大的损失。最后，在定价策略上存在过度依赖的情况。由于定位战略与价格战略是一对矛盾体，因此过度追求价格竞争，会导致企业在营销组合中出现“低价高折扣”现象。

市场风险规避的基本战略包括以下几方面内容。首先，应建立与市场需求相适应的企业文化，树立以市场为导向的正确、科学整合营销理念，以此来推动企业发展。例如，通过各种有效的途径满足不同客户对产品质量、服务等方面的个性化需求，从而赢得竞争优势；以市场需求为具体导向，从客户的角度出发，在产品规划、价格制定以及销售渠道选择等方面进行优化。其次，应通过提高人员素质来促进企业管理水平的提升，从而达到增加销售量、降低成本的目的。加强营销队伍的建设，究其原因是产品的技术含量较高，要求营销人员不仅要掌握营销技能，还要掌握技术知识。因此，需要招聘和选拔符合条件的人员，以充实和壮大营销队伍，同时要加强对现有人员的培训。最后，在定价的时候要充分考虑顾客的心理承受能力以及产品自身特点，根据不同的产品类型及市场需求来决定价格的高低。制定合理的价格策略是确保市场公平竞争的必要措施，企业应该根据自己产品的特点以及顾客需求决定产品价格，不能盲目追求低价促销，否则会造成消费者的不满甚至投诉。在定价的时候，降低价格并不是向消费者展示高品质产品的最佳途径，特别是对于技术含量较高的产品而言，由于顾客对产品质量的要求较高，企业不可以采取牺牲品质以降低价格的策略。此外，由于市场的不完全竞争性，企业需要更加积极地掌控价格。

2．资金风险

（1）筹资风险

筹资风险是指由筹资效益带来的不确定性给出资人带来的损失或不确定性。筹资风险是企业风险管理的首要环节和重要内容。企业筹集借入资金给财务带来的风险主要体现在两个方面，一是负债筹资导致企业所有者权益下降的风险；二是负债筹资可能导致企业财务困难甚至破产的风险。筹资风险产生的原因主要是举债规模过大、举债方式和负债结构不尽合理以及制度环境的变化。筹资风险的防范策略主要有如下两点。一是确定适度的负债数额，保持合理的负债比率。财务风险是一种客观存在的，只要企业对外欠债就会有财务风险，适当的对外负债有利于企业发展，因此应该有选择地使用。二是根据企业实际情况，制订负债财务计划。

（2）现金流量风险

企业在实行权责发生制的情况下，即使获得了可观的收益，也难以保证足够的现金流量，一旦资金链断裂，企业就会陷入困境，这就是所谓的现金流量风险。造成此现象的原因主要有以下几方面：过于强调利润与销售的快速增长，严重忽视手头能够充分支配的资金；流动资金被大量占用于原材料库存；无论是销售额、投资金额还是费用，它们的数量和时间进度都会偏离预期，呈现出与预期不符的趋势。

因此，必须加强现金流量管理，以降低现金流量风险。以下是应对现金流量风险的主要策略。首先，优化企业相关的经营活动，开源节流，提高收益和效益。要使企业获得最大限度的利润，就必须保证一定的营业收入和适当的成本费用支出，同时还要保持足够的营运资金，以满足不断增长的需求。众所周知，企业的经营活动所产生的净现金流是现金流入减去付现的全部成本费用，因此企业需要在增加销售货款和降低付现成本费用方面下大力气。其次，加速资金流转的速度，以最大化流动资金收益，如加速应收账款的回收，通过加强对应收账款的管理来提高资金利用率，从而为企业创造更大的效益。最后，对现金流量指标，企业必须保持高度的关注。企业通过对现金流量表的分析可以了解到自身的经营情况，及时做出相应决策，从而提高企业的经济效益。在权责发生制当中，企业的资产、负债等的确认、计量和记录，通常需要运用应计、分配以及摊销的方法，这些方法不可避免地会受到人为主观因素的影响。现金流量因其具有一定的客观性，现如今已成为衡量企业经营业绩以及财务状况的重要指标之一。

（三）创业后期面临的风险

1. 环境因素

（1）经济形势

新创企业的发展方向、方式、规模以及结构，直接受到国家或地区的经济体制、经济结构等宏观经济环境因素的制约，这些因素是新创企业风险环境要素中最根本的组成要素。

（2）竞争对手

企业在发展过程中的竞争对手既有潜在的竞争对手，也有显露出来的竞争对手。准确的竞争对手分析，可以对新创企业的战略选择、营销策略制定及组织结构设置等方面产生一系列的积极的影响。新创企业的成功与否受到竞争对手数量和竞争力规模的显著影响，这是一个至关重要的因素。新创企业一方面要应对国内同行的竞争，另一方面也要应对进口产品的诸多威胁，因此创业者需要深入了解国际、国内市场的信息变化，跟踪同类产品的技术发展趋势，熟悉进口产品在国内市场的竞争地位，以最大限度地降低进口产品对企业的影响。

2. 管理因素

（1）创业者素质

首先，创业者必须具备对目标市场的深入了解、忠诚正直的品格、团结互助的品质以及开拓创新的精神，同时还需要具备领导能力和战略眼光，以支撑其不断奋斗的进取心。这些素质对创业企业而言非常重要，如果没有这些素质，创业者就不可能成为优秀的企业家。

其次，创业者的行业从业经验，是影响创业成功的重要因素之一。行业从业经验对于创业来说至关重要，创业者若具备行业从业经验，则可深入了解行业规范，掌握行业技术标准与具体的操作模式，从而快速构建盈利的模式，进而提高成功的概率。同时，行业从业经验还有助于创业者在行业中树立良好口碑，提升企业声誉，从而为后续业务拓展打下良好基础。

最后，创业者对所处行业的了解程度，是决定创业成功与否的关键因素之一。行业内企业间存在着激烈竞争关系，行业内部的竞争者较多，因此行业内的企业在经营过程中需要更高的技术水平和更复杂的运作方式。随着创业者对行业的深入了解，他们能够更加敏锐地洞察行业的演变趋势，从而有效地规避技术与市场风险，同时也能够抓住行业先机，最终在市场竞争中获得优势。

（2）团队结构

创业企业管理团队的人员构成应当具备高度的合理性，涵盖技术开发、企业管理、财务运作等多个领域的专业技能和经验丰富的优秀人才，这些人在一定条件下可以组成一个相对稳定的创业企业管理团队。创业企业必须确立内部产权关系，如若不然随着企业的进一步发展和壮大，核心人员之间的财产竞争将愈演愈烈，最终导致核心团队的瓦解和管理风险的大幅增加。

（3）资源整合

新创企业的成长过程在于创业者将创业资源有机地结合起来，最终形成具有创新性的产品或者服务，从而创造出更多的价值。创业企业是由多个创业主体组成的一个系统，每个个体都有各自的创业机会、创业动机及对新环境变化做出反应的动态特征。创业企业的生存与发展，直接取决于创业者或者创业团队，是否具备有效整合并整合其所拥有的创业资源，以形成核心竞争优势的能力。

（4）财务管理

企业的资金运作水平直接反映在财务管理的能力上，这一能力不仅关系到企业目标的实现，更代表了创业投资者对投入资本的高度重视。

（5）市场营销

新创企业的生存和发展取决于市场营销能力，代表着企业在针对目标市场推广产品或者服务方面的实力和能力。

3. 技术与产品因素

（1）技术优势

首先，产品在相关产业中的竞争力可以从技术创新能力中得到体现。技术创新是通过对已有技术的改进或开发出的新技术来提高生产效率和产品质量的创新。创新企业获得超额利润的决定性因素在于新技术的引入，它为企业进入市场创造了新的机遇。新创企业要想获得长期持续发展和市场竞争中的领先优势，必须具备较强的技术创新能力。技术创新的范畴涵盖了设备与工具、生产工艺等多个方面的创新，这些方面的创新都是为了推动技术的不断进步和发展。通过提高技术水平来增强自身核心能力，是新创企业应用先进的生产要素和管理手段所必须遵循的基本原则之一。

其次，技术的独占性是新创企业保持竞争优势、赢得市场主导地位的有效途径，因为只有通过增加技术的独占性，减少技术溢出效应可能带来的竞争对手，才能打破技术垄断和壁垒进入市场。

（2）知识产权

具有独立知识产权的技术有高度的专属性与排他性，对创业企业的发展起着重要的保护作用。

（3）产品研发

由于高科技市场的垄断性以及高附加值，产品的更新换代速度不断加快，因此创业企业必须具备持续开发新产品的能力，以维持其竞争优势。在激烈的市场竞争中，新创企业要想保持持久的活力，就必须具备较强的技术创新创新能力，创新成果转化为现实生产力则需要较长的时间。为了在市场上获得竞争优势，新创企业必须以比同行业或社会同一种技术更快的速度进行技术更新。

4. 市场因素

（1）潜在市场

潜在市场是指产品或者服务的市场规模应当达到一定程度，并且具备快速增长的潜力的一种市场，这种市场是一种有吸引力和潜力的市场。企业的潜在盈利能力取决于其所处的市场规模，这是一个不可忽视的因素。企业要想在激烈的市场竞争中，取得优势地位就必须拥有足够大的市场。企业的长期发展取决于一个高速增长的市场，市场为企业提供了扩张的空间，因此创业投资公司通常采取长期投资获得高额回报的可能性非常大。

（2）市场拓展

开拓新的市场领域，主要包括两个方面，一是对地域市场的拓展，二是对客户群体市场的拓展。产品或服务不应被动地落后于市场，而应主动积极开辟全新的市场，从而更好地引领消费趋势和掌控潮流。可见，市场拓展工作应成为企业营销战略中不可缺少的组成部分。随着新创企业市场拓展人员数量的增加和素质的提高，市场拓展能力也随之增强。目前，我国企业的市场营销队伍还不够完善，特别是一些小企业，缺乏专业的市场营销人才，这给企业带来了一定的难度。

另外，作为产品进入市场的主要渠道，市场营销网络涵盖了批发商、代理商等多种渠道。因此，建立完善的市场营销网络，有助于产品快速进入市场并成功实现市场化的良好运作。

5. 融资因素

（1）银行贷款

对于高科技创业企业而言，获得银行贷款是一项至关重要的资金来源，因为这将直接影响到企业未来的发展。

（2）风险投资

新创企业在风险投资的推动下获得了进一步的发展机遇。风险投资家所提供的服务，除了风险投资，还包括企业管理、决策咨询等多个方面，这些服务的存在将为新创企业注入腾飞的动力。

（3）政策扶持

如果新创企业能够获得国家和地方政策资金的支持，无疑对于缓解企业的资金压力、促进企业发展具有较大的影响。

从上述罗列的新创企业面临的风险影响因素，结合一些学者的研究成果，可以得出影响创业企业成败的关键风险因素主要有以下几个：一是创业者素质；二是技术优势；三是市场拓展；四是团队结构；五是产品研发。从这五个关键风险因素的分布来看，影响创业企业成败的风险因素可以归结为：管理因素、技术及产品因素和市场因素三大类。

三、常见创业风险的防范措施

（一）创业环境风险

创业环境的风险主要源于目标行业的准入门槛，同时也是新入驻企业和现有企业，在竞争过程中无法避免的不利因素，因此创业前必须了解创业环境的特点及其影响因素，以便更好地制定相应对策。

首先，企业在创业之前，必须对创业环境进行深入分析，包括但不限于金融工具和政策等方面的支持。例如，所在城市是否有为大学生创业提供金融支持的会计师事务所，是否有税收优惠政策，等等。从事制造方面的人，还需要重点关注政府采购项目以及科研成果的转移，同时全面考察和调研目标市场的开放程度与进入难度，以便对市场竞争的情况有初步的认识和了解。除此之外，还要考虑当地的政治因素及人文背景，如地理位置、民族关系、宗教信仰等，以使自身在激烈竞争中立于不败之地。

其次，了解当地的交通、网络等基础设施，对其分布和使用情况有初步的掌握，这是非常有必要的。

最后，考虑当地的商业氛围和居民的消费水平等因素，确保所创建的企业与当地社会文化和经济发展趋势相契合，以确保符合当地的价值观。

（二）关键员工离职的风险

一是对于那些具备高素质的关键员工而言，通过提供培训和开发的机会，将他们的主动性和积极性充分激发和调动起来，这比单纯提高薪酬水平更具有实际意义。

二是在签订“竞业禁止”等契约时，规定员工在离职后的一段时间内，不可以从事任何同本企业有竞争关系的工作，同时必须对企业的商业和技术机密进行严格保护。

（三）市场营销风险

市场营销的风险在于，企业所制定和实施的营销计划与其所处的营销环境不协调，最终导致营销策略没有顺利地实施，进而缩小了目标市场的范围，没有成功实现盈利的可能性。创业者要想成功地开展创业活动，就必须具备良好的商业素质和敏锐的市场预测能力。在企业运营过程中，创业者可以建立一套完整的市场监测和策略调整机制，定期或者不定期进行市场分析，以保持对关键市场信号的高度敏感性，同时与试销阶段相结合，对前期制定的营销策略进行优化和调整。此外，创业者也可借助行业内领先的企业力量，通过借船出海的方式，有效规避和降低市场风险，从而获得成功。

（四）管理风险

创业管理的风险在于信息不对称、管理不善等因素对管理水平的一系列不利影响，这些因素可能导致创业的失败。创业风险包括市场风险、组织风险、技术风险、资金风险以及政策与法律风险等。为了提升创业团队的管理水平，创业者需要不断加强自身的学习，通过不同的方式努力培养企业家精神，加强和提升决策、管理等多个方面的能力，同时将科学的管理理念与方法灵活应用于团队管理之中。

参考文献

[1]毛良虎．国际化视野下的创造、创新和创业［M］．南京：东南大学出版社，2016．

[2]王玉斌，张丽．全球价值链与高校创新创业教育研究［M］．成都：四川大学出版社，2017．

[3]唐青青，陆桂军，董婷梅，等．广西科技创新创业人才发展与政策研究［M］．南宁：广西人民出版社，2017．

[4]朱文章，陈丽安，林志成．新工科人才创新创业能力培养［M］．厦门：厦门大学出版社，2018．

[5]陈丽如．互联网＋环境下的大学生创新创业发展研究［M］．昆明：云南人民出版社，2019．

[6]朱军．大众创业 万众创新知识产权保护研究［M］．北京：中国广播影视出版社，2020．

[7]王帆．推动实践与创新创业能力培养［M］．昆明：云南大学出版社，2021．

[8]蔡静，吴维俊．“双创”时代大学生创业法治素养的提升［M］．太原：山西经济出版社，2022．

[9]谭海刚，李静，陈勇，等．基于创新创业教育的食品微生物学实验教学改革和实践［J］．食品工程，2023（1）：3−5．

[10]李培，管亚威．大学生创新创业与法律教育融合的必要性研究［J］．法制博览，2023（10）：133−135．

[11]何巍．创新创业教育元素在高校公共建筑空间中的创意应用［J］．工程抗震与加固改造，2023，45（2）：171．

[12]祝金旭，石作荣，张帆．创新驱动发展战略视域下高校创新创业教育困惑与对策研究［J］．高教学刊，2023，9（10）：56−59．

[13]周芊宏．高职院校创新创业教育师资队伍建设研究［J］．科技风，2023（10）：55−57．

[14]张秀娥，吴羽凡．新文科创新创业教育与实践研究［J］．现代交际，2023(4)：89−95．

[15]温玉卓，代梦婷．创新创业教育过程中课程思政嵌入路径探究［J］．现代商贸工业，2023，44（10）：114–116．
[16]袁航，朱承亮．数字经济、交易成本与中国区域创新创业［J］．科研管理，2023，44（4）：19–28．
[17]许晶．创新创业视角下的西方经济学课程教学改革研究［J］．老字号品牌营销，2023（8）：182–184．
[18]邹仲平，张克森，马海龙，等．基于创客空间的高校创新创业人才培养模式探究［J］．高教学刊，2023，9（12）：64–67．
[19]李阳，胡倩枫，刘顺春．“互联网＋”背景下高职院校创新创业模式的实践［J］．就业与保障，2023（4）：52–54．
[20]王东平，闫震，霍晓倩，等．基于竞赛项目的大学生创新创业能力培养践行路径［J］．西部素质教育，2023，9（8）：9–12．
[21]史俊，张楠，毕达宇．基于 CDIO–CMM 理念的创新创业人才培养［J］．西部素质教育，2023，9（8）：88–91．
[22]石静．新工科背景下高校创新创业教育的路径研究［D］．西安：西安理工大学，2022．
[23]李玉菡．安徽省高职院校创新创业教育师资队伍建设研究［D］．南昌：江西科技师范大学，2022．
[24]孙聪．创业生态系统核心维度对全要素生产率影响研究［D］．长春：吉林大学，2022．
[25]于丹妮．创新创业赋能区域经济高质量发展的机理研究［D］．曲阜：曲阜师范大学，2022．
[26]郭清荷．数字普惠金融对创新创业能力影响研究［D］．石家庄：河北地质大学，2022．
[27]于禾．高等职业教育与创新型城市协同发展研究［D］．南京：南京邮电大学，2022．
[28]庄郁香．大学生创业能力培养的现实困境与机制建构［D］．南京：南京邮电大学，2022．
[29]李亚轩．天津市大学生参与创新创业比赛的学习收获研究［D］．天津：天津职业技术师范大学，2023．